1인 레이블 가이드북

언제까지 곡만 쓸거야?!

제이써니 지음

score♪

제이써니 (유지선)

동아방송예술대학교 영상음악과 작곡 전공
상명대학교 일반대학원 컴퓨터음악(뉴미디어음악) 석사

강동대학교 실용음악과 겸임교수
동아방송예술대학교 실용음악과 출강
수원여자대학교 음악과 출강
前 상명대학교 일반대학원 뉴미디어음악학과 출강

1인 레이블 '허니뮤직' 대표
〈Summer Dream〉 싱글 발매(2012. 7)
〈Breeze〉 싱글 발매(2013. 6)
〈어느, 봄날〉 싱글 발매(2014. 4)
팟캐스트 '제이써니의 팝캐스트' 진행 중

영화 〈구세주 2〉 음악감독 및 OST 작곡
KBS 드라마 〈장희빈〉 일본 수출판 엔딩 타이틀 곡 작곡
KBS 드라마 〈며느리 전성시대〉 BGM 작업 참여
KBS 드라마 〈사랑과 전쟁〉 다수 BGM 작업 참여
KBS 드라마 〈스타〉 일본 수출판 Sound Oper. BGM editor
이엘 〈승리하리라〉 편곡
송소희 국악방송 음악 편곡
강은비 솔로 앨범 리메이크 〈사랑은 창밖에 빗물 같아요〉
컴필레이션 앨범 〈사랑을 놓치다〉 편곡
까르띠에 CF BGM 작곡
한화 L&C '쉬;움' 홍보 영상 음악 작·편곡
가수 진주 라이브 건반 세션(CBS 라디오 공개방송, iTV〈만남〉)

저서: 〈실용음악 화성학〉, 실용음악대학 입시문제집 〈적중〉시리즈
     '작곡', 월간 〈컴퓨터 음악〉 작곡 칼럼 기고

이메일 fin-ball@nate.com
허니뮤직 홈페이지 www.honey-music.co.kr
제이써니 페이스북 www.facebook.com/Jsunny0910
제이써니 블로그 http://blog.naver.com/finball3

PART 03   앨범 유통 과정

PART 04 앨범 홍보 과정

요즘은 1인 미디어 시대입니다.

원한다면 스스로 콘텐츠를 얼마든지 만들어낼 수 있습니다. 싱어송라이터이자 작곡가인 필자는 음악 콘텐츠를 직접 만들어 유통하게 되었고, 막상 해보니 시작이 어렵지 그 다음은 그렇게 어렵진 않다는 것을 알게 되었습니다.

예전처럼 비싼 장비들이 없어도 개인 장비를 이용하여 환경을 잘 조성해주고, 개인의 역량만 키운다면 누구나 음악 콘텐츠를 만들 수가 있다는 것이죠. 그런데 의외로 콘텐츠의 '유통 방법'에 대해서는 잘 모르는 뮤지션들이 많아, 가이드가 되고자 이 책을 쓰게 되었습니다.

이 책은 크게 개요, 음원 제작, 음원 유통, 홍보·마케팅 섹션으로 구성되어 있습니다.

개요에서는 음반의 종류와 특성에 대한 설명과 음원 제작의 순서 및 과정을 간략하게 이해할 수 있도록 정리했습니다. 이 부분의 내용을 먼저 읽어 전체적인 설계도를 그려보고 다음 섹션으로 넘어가면 보다 세심한 준비를 할 수 있습니다.

음원 제작 섹션에서는 기본적인 작곡 방법과 음원 제작 부분에서 필수적으로 거쳐야 하는 믹싱·마스터링 과정까지의 순차적인 과정을 설명했습니다. 이 부분에서는 제가 쓰는 방법을 설명했기 때문에 절대적인 방법이라고는 할 수 없지만, 전반적인 흐름은 확실히 파악할 수 있는 부분입니다.

　음원 유통 섹션은 아마도 많은 독자 분들이 가장 궁금해 할 부분이 아닐까 생각되어, 실제 유통을 하는 데 도움이 될 만한 내용들을 준비했습니다. 유통의 방법과 더불어 유통사 목록 및 연락처, 혹은 홈페이지 주소를 부록으로 수록했습니다. 그 외에 유통 과정에서 준비해야 할 앨범 자켓 만들기, 뮤직비디오 만들기 등 음악 작업에만 익숙한 독자들에게 다양한 방향을 제시했고, 이 부분 역시 자켓 제작 업체 및 뮤직비디오 제작 업체의 목록을 참고할 수 있도록 부록으로 수록했습니다. 또한 방송 심의 신청 방법의 구체적인 방법들을 설명했습니다.

　홍보·마케팅 섹션에서는 1인 레이블인 독자들이 가장 취약할 수 있는 마케팅 부분에 대한 방법과 팁을 제시했습니다. 보도자료 작성 및 배포 방법부터 유튜브 활용과 페이스북과 같은 SNS를 활용한 홍보 방법, 노래방 등록 방법, 미디어 매체에 노출시키는 방법 등을 구체적으로 다루었습니다.

　작곡하는 방법 및 시퀀서 활용법에 대한 부분은, 그 내용만을 전문적으로 다루고 있는 도서들이 많으므로, 여기서는 전반적인 흐름 정도만을 다루었습니다. 이 책을 보는 독자들이 음원 제작 및 프로듀싱 능력을 어느 정도 갖췄을 것이라는 전제하에 진행했습니다.

　책에서 제시한 순서를 따라가며 기획을 하다보면, 어느새 음원을 발표한 아티스트로 데뷔한 자신을 발견하게 될 것입니다. 이 책은 이제 막 작곡을 시작한 독자들에게는 동기부여가 될 수 있으며, 홀로 음악 작업을 하며 아티스트로의 데뷔를 꿈꾸는 독자들에게는 구체적인 앨범 제작과 유통 방법을 제시해주는 가이드가 될 것입니다.

이 책이 여러분들의 음악 활동에 작게나마 도움이 되길 바라는 마음입니다. 언젠가는 제 메일로 '이 책을 보고 낸 음반'의 소식을 받을 날을 기대해 보겠습니다.

1인 미디어 시대, 요즘은 매일 손에서 떼지 않고 만지는 스마트폰으로, 그리고 그 안에 있는 수많은 SNS 관련 앱으로 직접 걸어다니면서 홍보도 할 수 있는 시대입니다. 누군가 '나'라는 멋진 뮤지션을 알아봐주지 않아서 불만이라면, 혹시 언젠가 누군가 나를 멋진 스타로 만들어 줄 것이라는 기대만으로 시간을 보내고 있다면, 지금 직접 1인 레이블이 되어 움직여 보세요!

2015년 봄,
싱어송라이터 제이써니

1인 레이블 가이드북

PART 01

음반 제작 과정 개요

음반 제작 과정 개요

음반 시대에서 음원 시대로 넘어온 지금, 홈 스튜디오를 이용하여 음원을 어떻게 만들어야 하는지, 만든 음원을 어떻게 유통해야 할지, 또 홍보는 어떻게 해야 할지 궁금할 것입니다.

지금부터 음반 제작의 전반적인 과정을 살펴보고, 그 과정에 대한 상세한 내용은 뒷부분에서 자세히 다루도록 하겠습니다.

음반은 크게 정규 음반과 싱글 음반, EP 음반으로 구분할 수 있습니다. 90년대까지만 해도 국내에는 싱글 음반보다는 정규 음반 위주로 발매하는 경향이 컸으나, 음원 시대로 들어서면서 싱글 음반 혹은 EP 음반을 먼저 발매하고, 정규 음반을 발매하는 추세입니다.

정규 음반과 싱글 음반, EP 음반의 차이점을 잠깐 알아보겠습니다.

싱글 음반	한두 곡정도의 음원이 실린 음반으로, 한 곡을 집중적으로 홍보한다. 1집, 2집 등의 명칭을 사용하지 않는다.
EP 음반	5~6곡 내외의 음원이 실린 음반으로, 1.5집, 2.5집 등의 명칭을 붙인다.
정규 음반	10곡 이상의 음원이 실린 음반으로, 1집, 2집 등의 명칭을 붙인다.

1) 싱글 음반 제작 과정 개요

지금부터 싱글 음반의 일반적인 제작 과정을 알아보겠습니다. 음반의 제작에는 크게 음원 제작, 자켓, 홍보 자료 제작 및 심의, 저작권, 실연권 등록 등의 과정이 필요합니다. 아래는 음원 제작 과정의 일반적인 순서입니다. 상황에 따라서 순서가 일부 바뀔 수는 있지만 믹싱, 마스터링의 순서는 바뀌지 않습니다.

① 음원 제작 과정

음원 제작 과정의 내용들의 상세한 부분은 뒤에서 다루도록 하겠습니다.

② 홍보 자료 제작 과정

음원을 다 만들었다면 이제 어떤 것들이 필요할까요? 음원을 포장하기 위한 작업 및 홍보, 마케팅 등의 작업들이 필요할 것입니다. 이런 작업들을 여기서는 '홍보 자료 제작 과정'이라고 부르겠습니다.

아마 음악을 만드는 작업만 주로 했던 독자 분들은 이 부분이 가장 궁금할 것이라고 생각합니다. 대부분 음원을 만들어내는 것에는 자신이 있지만, 어떻게 유통을 해야 하는지, 홍보는 또 어떻게 해야 하는 것인지 막연하게만 느껴질 것입니다.

일반적인 홍보 자료 제작 과정의 순서를 살펴봅시다.

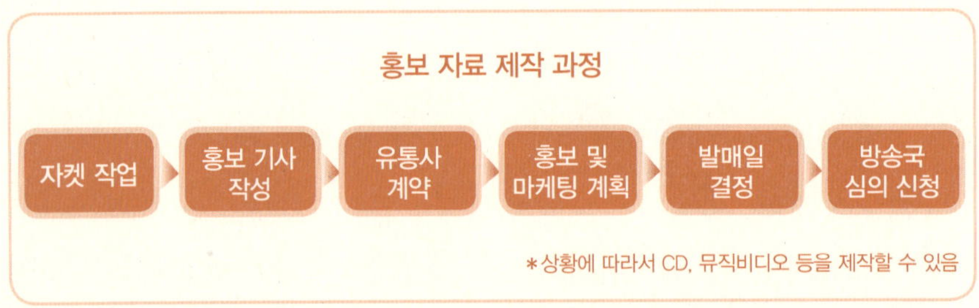

요즘 싱글 음반은 CD 제작을 안 하는 추세이기 때문에, CD 제작 과정은 포함시키지 않았지만, 상황에 따라 포함될 수도 있는데, 그 부분은 EP 앨범 제작, 정규 앨범 제작 부분에서 확인하시기 바랍니다. 위의 과정은 멜론, 엠넷, 벅스뮤직 등의 음원 사이트에서 노출될 자켓 사진 작업이라고 생각하면 됩니다.

홍보 기사 작성은 음원 사이트에 자켓 사진과 함께 들어갈 기사와 인터넷 뉴스에 게재할 기사를 작업하는 것인데, 음원 사이트에 들어갈 기사와 인터넷 뉴스 보도 기사는 조금 다

포토샵을 활용한 앨범 자켓 제작

르게 쓰는 것이 좋습니다.

이 정도의 준비가 되었다면 유통사와 계약을 합니다. 유통사는 각종 음원 사이트에 음원을 유통시켜주는 업체입니다.

유통사 계약을 마친 후에는 본격적인 음반 홍보 및 마케팅 계획을 잡습니다. 어떤 방법으로 홍보를 할 것인지, 어떤 매체를 활용할 것인지 등의 다양한 아이디어가 필요하며, 이 과정에서 필요에 따라 뮤직비디오를 찍을 수도 있습니다. 요즘에는 유튜브 등 UCC를 통한 마케팅을 많이 하므로 여건이 된다면 뮤직비디오 제작도 고려해보는 것이 좋습니다.

유통사와 발매일이 결정이 되면 주요 방송국에 심의 신청을 합니다. 유통사 및 심의 신청에 대해서도 역시 뒤에서 상세히 다루도록 하겠습니다.

③ 홍보 과정

홍보 자료 제작 및 발매일 결정, 심의 신청까지 했다면 모든 준비는 끝났습니다. 이제부터는 계획한 대로 열심히 뛰어야 합니다.

홍보 방법은 여러 가지가 있는데, 가능하다면 TV나 라디오 매체에 출연하는 것이 가장 좋은 방법이겠으나, 인지도가 높지 않고, 인맥이 넓지 않은 신인에게는 거의 불가능한 방법일 것입니다. 하지만 요즘에는 SNS 등을 활용하여 홍보할 수 있는 다양한 방법들이 있습니다.

이 다양한 매체를 활용하는 방법도 다루도록 하겠습니다.

2) EP 음반 및 정규 음반 제작 과정 개요

EP 음반 및 정규 음반의 제작 과정은 싱글 음반 제작 과정과 크게 다르지는 않습니다. 음원이 몇 곡 들어가느냐 정도의 차이가 있을 뿐입니다. 그만큼 금전적으로나 시간적으로 싱글 음반보다 많은 부분이 투자됩니다.

① 음원 제작 과정

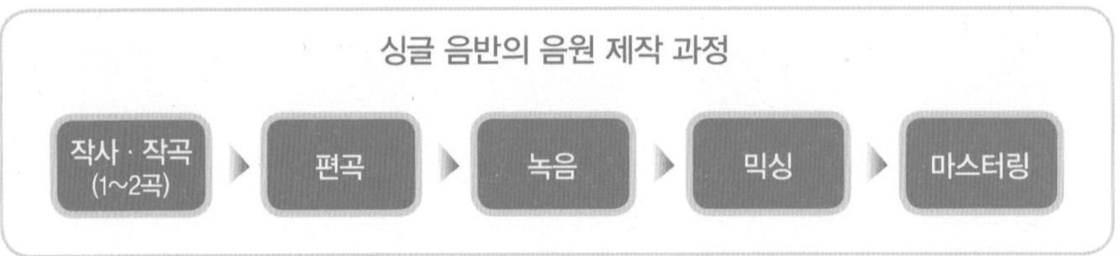

모든 형태의 음반들이 음원 제작 과정 자체가 다르진 않습니다. 단지 곡의 수가 늘어나면서 위의 과정이 EP 음반은 5~6번, 정규 음반은 10번 이상 반복되는 것입니다.

② 홍보 자료 제작 과정

홍보 자료 제작 과정도 싱글 앨범과 비교하여 특별히 다르지는 않습니다. 곡 수가 늘어났고, EP 앨범 및 정규 앨범을 만들 정도의 상황이면, 어느 정도 인지도를 확보했다고 보기 때문에 CD와 뮤직비디오 제작을 하는 경우가 많습니다.

③ 홍보 과정

홍보 과정 역시 싱글 음반과 다르지 않습니다. 단지 EP 음반이나 정규 음반은 많은 비용 및 노력이 투여되므로 그만큼의 이익이 날 수 있도록 해야 할 것입니다. 어느 정도 인지도가 있다면 TV나 라디오 등의 매체도 활용할 수 있으므로, 그에 걸맞은 홍보 및 마케팅이 필요합니다. 물론 이러한 상황에서도 SNS 마케팅은 필수입니다.

이렇게 음반 제작 과정 개요를 살펴봤습니다. 자신이 종사하고 있는 분야에 따라서 이해가 되는 부분도 있을 것이고, 개요만으로는 이해하기 어려울 수도 있습니다. 이제부터 각 부분들의 자세한 내용들을 살펴볼 것입니다. 이 책을 보는 동안에 이 개요를 항상 머릿속에 설계도처럼 입력해 둔다면 쉽게 이해할 수 있을 것입니다.

자, 그럼 지금부터 본격적으로 1인 음반 제작을 해봅시다!

1 인 레 이 블 가 이 드 북

PART 02

음 원 제 작

음원 제작

음원 제작 과정은 음반 제작 과정 개요에서 잠시 살펴봤습니다. 지금부터는 본격적으로 음원 제작을 어떻게 하는지 알아보도록 하겠습니다.

1) 작곡

어떤 음반이든지 곡이 있어야 제작이 가능하겠죠? 모두가 아는 것처럼 곡을 만드는 일을 작곡이라고 하지요. 그렇다면 작곡은 어떻게 할까요?

여러분이 현재 작곡을 할 수 있는 능력이 있다면, 이 부분은 넘어가도 되겠지만, 작곡의 아주 기본적인 몇 가지 방법에 대하여 설명하고자 합니다.

우선 작곡이란 무엇일까요? 작곡은 음악의 주선율인 멜로디와 멜로디에 어울리는 화성 진행을 만드는 작업입니다. 각자 자신만의 작곡법이 있겠지만, 이론적으로 분류를 하자면 4가지 정도로 구분하여 볼 수 있습니다.

첫 번째 방법, Melody first

Melody first, 즉 멜로디를 먼저 만드는 방법입니다. 무엇이 제일 중요한 작업이라고 말하기는 애매하지만, 멜로디가 음악의 주선율이 되는 부분인 만큼 저는 가장 중요한 부분이라고 생각합니다.

두 번째 방법, Harmonic first

Harmonic first, 음악의 전체적인 화성 진행을 먼저 만드는 방법입니다. 저는 멜로디가 대화를 하는 상황에서 이야기의 주제라면, 화성 진행은 그 이야기를 말하는 장소의 분위기에 비유하곤 합니다. 오랜 시간 짝사랑을 하던 어떤 남자가 엄청난 용기를 내서 여자에게 고백을 할 준비를 했다고 생각해 봅시다. "사랑해"라는 말을 하는데, 지저분하고 시끄러운 공간에서 하진 않겠죠. 그 말이 어울리는 공간, 상대방이 감동을 받을 수 있는 로맨틱한 분위기의 공간에서 고백을 하게 될 것입니다.

바로 화성 진행은 위의 예시에서 말한 주제에 어울리는 분위기를 만들어 주는 것입니다. 그렇기 때문에 멜로디보다 화성 진행을 먼저 만들고, 그 진행의 분위기를 느끼면서 멜로디를 만들기도 합니다.

세 번째 방법, Lylics first

Lylics first, 가사를 먼저 쓰는 방법입니다. 가사가 있어야만 그 가사에 어울리는 멜로디와 화성을 떠올리는 작곡가들도 꽤 있습니다. 아무래도 가사가 있다면 좀 더 다양한 상상을 하면서 멜로디를 쓸 수 있으므로, 드라마틱한 작업을 할 수 있습니다.

네 번째 방법, Instrumental first

Instrumental first, 멜로디가 제외된 일종의 MR과 같은 소스를 만들어 둔 후, 그에 어울리는 멜로디를 만드는 방법입니다. 이 방법은 요즘처럼 컴퓨터를 이용하여 작곡을 하게 된 상황에서 나오게 된 방법으로, 주로 EDM(Electronic Dance Music) 작업을 하는 작곡가들이 많이 이용하는 방법입니다.

작곡부터 시작하는 분이라면 자신에게 맞는 방법을 찾아보세요. 그리고 작

곡을 하기 위해서는 피아노나 기타와 같은 다양한 플레이가 가능한 악기를 능숙하게 다룰 수 있으면 훨씬 도움이 됩니다. 작곡가를 꿈꾸는 분이 있다면 자신에게 맞는 악기 하나 정도는 능숙하게 다룰 수 있도록 연습해보는 것도 좋습니다. 물론 요즘에는 컴퓨터 작업이 가능하긴 하지만, 악기를 다루면서 미디 작업을 하는 것과 미디 작업만 하는 것은 완전히 다릅니다. 음악에 대한 이해와 만들 수 있는 범위가 많이 달라지지요.

김원준(가수, 교수)

▶ 상명대 대학원 뮤직테크놀로지학과 석사
▶ 강동대 실용음악과 교수(학과장)
▶ 서울가요본상, SBS 10대 가수상(1996), 영상음반대상 골든디스크 본상(1995), 영상음반대상 골든디스크 본상(1994), MBC 10대 가수상(1993) 등 수상

Q 1인 레이블에 관심이 많다고 들었는데, 특별한 이유가 있나요?

A 네. 1인 레이블, 인디 레이블에 굉장히 관심이 많습니다. 제가 학교에서 학생들을 지도하다 보니, 학생들이 음악적 활동을 스스로 개척할 수 있도록 고기 잡는 법을 알려주고 싶었고, 그러다 보니 자연스럽게 관심을 가지게 되었습니다.

Q 음악을 시작하게 된 계기가 궁금합니다.

A 생각해보면 특별한 계기가 있었다기보다 어릴 적부터 가족과 친척들을 통해 음악을 쉽게 접한 것 같습니다. 아버지는 취미로 첼로를 하셨고, 어머니는 피아노를, 그리고 형은 기타, 누나는 노래를 하면서 늘 음악과 함께 했습니다. 또 삼촌은 줄리어드 음대 출신으로 현재 뉴욕 메네스 음대에서 바이올린을 가르치고 계실 만큼, 가족 환경엔 늘 음악이 함께하고 있었습니다.

Q 그럼 요즘에는 주로 어떤 작업들을 하고 있나요?

A 제게 음악적 작업이란 강단에 서기 전과 후로 나뉘는 것 같습니다. 전엔 외부 음악 작업과 동갑 음악인들 그룹인 'M4'라든지 'VEIL'이라는 밴드 음악 작업 등 음악에 시간을 많이 할애했습니다. 2013년 본격적으로 교직 일을 시작하고부터는 사실상 행정에 가까운 학사 일에 주력하고 있습니다. 취임하기 전엔 늘 음악과 함께 할 것이라는 기대가 컸지만, 막상 창작이나 음악 활동이 쉽지 않습니다. 물론 불가능한 것은 아니지만 예전만큼 자유롭지는 않습니다. 지금은 가끔 외부 작업과 올해부터 본격적으로 시작한 EDM DJ, 그리고 10주년 VEIL 정규 음반 녹음 중입니다. 더 많은 음악 작업을 한다는 것은 저 같은 초보 학과장에겐 사치인 것 같습니다(웃음).

Q 그렇다면 미디 작업을 많이 할 텐데, 미디는 언제부터 시작했나요? 그리고 어떤 시퀀서를 사용하는지 소개해 주세요.

A 저는 91년 '파워 맥킨토시 7300'으로 처음 미디를 시작했습니다. 처음 접한 시퀀서는 'EZ Vision', 그후 '아타리 노테이터' 프로그램으로 미디 작업에 입문하게 되었습니다. 대학 때 아르바이트를 해서 Korg T-3를 구입하여 뮤직 워크스테이션 용도로 시퀀싱을 독학했습니다. 그리고 데뷔 앨범 자작곡 〈모두 잠든 후에〉를 수록하게 되었습니다. 그게 가능했던 이유는 컴퓨터 미디 시퀀싱을 했기 때문입니다. 90년대 중반부터 하드디스크 레코딩에 관심이 많아서 6집 앨범을 시작으로 MOTU사의 '디지털 퍼포머'로 시퀀싱하고, 몇 곡만 직접 녹음했던 기억이 납니다.

본격적으로는 아마 7집 앨범부터인데 AVID사의 '프로툴즈'로 음반 전체를 제작하게 되었습니다. 그 낭시 에피소드로는 제 개인 스튜디오였던 DearNet 스튜디오에서 '체리필터' 1집 데모 전곡을 프로툴즈로 녹음했던 기억이 나네요. 지금도 체리필터 친구들 만나면 그 얘기를 종종 합니다.

지금은 믹스는 프로툴즈로 하고, 시퀀싱을 '에이블톤 라이브'로 합니다. 사실 두 프로그램 다 DAW이지만 두 플랫폼의 차이가 분명해서, 지금은 개인적으로 EDM을 포함한 모든 음악은 에이블톤 라이브로 먼저 만들고, 녹음과 최종 믹스 등은 프로툴즈에서 하고 있습니다.

Q 그럼 핵심 질문 하나만 더 하겠습니다. 1인 레이블에 대해 어떻게 생각하나요?

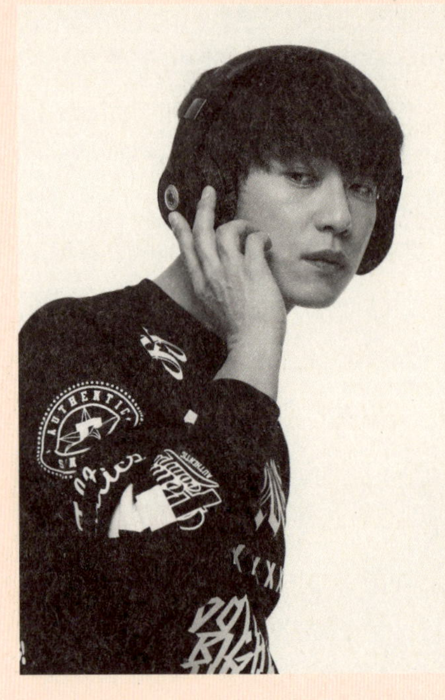

A 개인적인 생각에 대한 결론부터 말씀드리자면, 1인 레이블 곧 1인 프로듀서 또는 인디 레이블은 더 이상 선택이 아니라 필수라고 생각합니다. 21세기 컴퓨터 음악의 발달로 이제는 홈 레코딩이 가능한 시대가 되었습니다. 이러한 환경은 많은 변화를 가져왔고, 음악의 생산 방식 또한 영향을 받은 것만큼은 사실입니다.

이제 실용음악과에서 음악을 꿈꾸는 전공자들에게 단지 연주나 가창만을 가르치는 수업은, 어부에게 고기 잡는 법 대신 그저 고기를 잡아주는 것과 다르지 않다고 생각합니다. 사회에서 음악이란 전공을 살려 순수 취업을 희망한다면, 1차 음악 생산자로서 자신만의 1인 레이블은 필수입니다. 학교가 이러한 분명한 목표 방향을 학생들에게 제시하고 이끌어가지 않는다면, 결국 실용음악이란 학과는 망망대해와 같은 이 음악 분야에서 표류하는 것밖에 안 될 것이라는 생각이 듭니다.

김기현(대중가요 작곡가, 코스믹사운드 대표)

▶ SAN-E, 레이나 〈한여름 밤의 꿀〉 작 · 편곡(2014)
▶ 걸스데이 〈Let's go〉 작곡 · 작사 · 편곡, 〈Girl's Day World〉 작 · 편곡(2013)
▶ SAN-E 〈불행했음 좋겠다〉 작 · 편곡(2011), 〈Big Boy〉 작 · 편곡 · 프로듀싱(2013)
▶ 산이, 술제이, 스티, 울티마, 코스믹사운드 〈발딛음〉 작 · 편곡(2013)
▶ 자이언티 〈보통〉 작 · 편곡(2012)

Q 어떻게 음악을 시작하게 됐나요?

A 저는 고향 울산에서 공장을 다니고 있었어요. 삶이 너무 재미없고, 무미건조해서 무엇을 하면 재미있을까 생각하다가, 음악을 해야겠다 싶었죠. 그래서 일단 서울로 올라와서 음악을 배우며 시작하게 되었습니다.

Q 원래는 노래를 했다고 하는데, 작곡은 어떻게 시작하게 됐나요?

A 플레이어로서의 비전을 보지 못한 것도 있었고, 주변에 작곡을 하는 선배들을 보면서 조금씩 작곡을 하다 보니, 저에게는 작곡이 더 재미있는 일이라는 걸 알게 되었죠. 그러다 보니 수익은 알아서 따라와 주었습니다.

Q 1인 레이블을 만들게 된 특별한 이유가 있나요? '코스믹사운드'는 어떻게 만들어졌는지요?

A 서울에 올라와서 음악을 시작한 당시에는 가요를 하진 않았고, 게임 음악 회사에 다니면서

월급쟁이 생활을 하고 있었습니다. 그러다가 그 생활이 저에게 잘 안 맞는다는 것을 알게 되었고, 회사에서 나와서 세션을 하던 친구 두 명과 함께 만들게 되었습니다.

Q 그렇다면 주로 하는 음악 장르는 어떤 장르인가요?

A 제가 힙합만 한다고 생각하시는 분들이 많은데, 저는 사실 딱히 장르를 가리지는 않습니다. 상황이 주어지면 모든 장르를 할 수 있고, 그러기 위하여 계속해서 노력하는 편입니다.

Q 작업은 어떠한 방식으로 하나요?

A 저는 일단 레퍼런스 곡을 찾고, 드럼 작업을 먼저 하는 편입니다. 그 다음에는 EP나 피아노로 코드를 찍고, 그 뒤로는 순서가 정해져 있지는 않지만, 기타 편곡을 합니다. 그렇게 악기 작업을 해놓고 멜로디를 만드는 편입니다. 순서는 상황이나 곡의 장르에 따라 바꾸기도 하지만요.

Q 가끔 직접 제작도 하는 걸로 알고 있는데, 홍보는 어떤 방식으로 하는지 알려줄 수 있나요?

A 저는 인맥 활용을 많이 하는 편입니다. 잘 준비된 음반은 계약하는 유통사에서 관심을 가져주는 경우가 많습니다. 여러 가지 부분이 잘 맞을 때 유통사 쪽에서 많이 도와주는 편입니다. 코스믹사운드가 대형 기획사는 아니기 때문에 규모가 큰 홍보 진행은 하기 어렵고, 제작하는 규모에 맞게 유통사와 조율하는 편입니다.

김수영(영상음악 작곡가)

▶ 상명대 대학원 뉴미디어음악학과 음악학 박사 수료
▶ 한양대 실용음악과 교수 및 동아예술방송대학교, 상명대 대학원 외래교수
▶ 영화 〈수상한 그녀〉, 〈광해, 왕이 된 남자〉, 〈남자 사용 설명서〉 등 영화음악 작 · 편곡가
▶ 베니스국제영화제 초청작 독립영화 〈숨바꼭질〉 음악감독
▶ 뮤지컬 〈드라큘라〉(신성우 주연) 커튼콜
▶ 음반 〈Webtrino Electrocoustic〉 Co Producer 및 사운드 디자인
▶ 하이서울페스티벌 〈몸짓, 소통〉 작 · 편곡
▶ 문화숲 프로젝트 〈비몽〉 작 · 편곡
▶ 댄스 그룹 COMMA 3집 Arrange/Piano recording

Q 음악을 시작하게 된 계기가 있었나요?

A 저는 초등학교 4학년 무렵에 피아노를 배우게 되었습니다. 그렇게 음악을 자연스럽게 접했고, 고등학교 때 록 밴드에 들어가게 되었습니다. 밴드에 들어가서 활동을 하며, 자연스럽게 작곡, 보컬, 드럼 등을 접하게 되었습니다. 그러던 것이 22살 때 가요 작곡 및 프로듀싱을 한 음반 발매를 시작으로, 본격적인 작곡가로서의 활동을 하게 되었습니다.

Q 현재 주로 작업하고 있는 음악은?

A 영화음악 작 · 편곡을 주로 하고 있습니다. 뮤지컬 및 드라마 음악도 종종 하고 있습니다.

Q 작업한 작품들을 소개한다면?

A 작 · 편곡으로 참여한 작품으로는 〈광해, 왕이 된 남자〉, 〈수상한 그녀〉, 〈남자사용 설명서〉, 〈라스트 스탠드〉, 〈비정한 도시〉 등이 있고, 음악감독으로 참여한 작품으로는 주로 독립 영화

나 뮤지컬이 많은데, 〈숨바꼭질〉, 〈무대는 나의 것〉, 〈My Muse〉, 〈트랩트〉 등이 있습니다.

Q 작업은 어떤 방식으로 하나요?

A 영화의 경우, 보통 시나리오를 먼저 접하게 됩니다. 각 캐릭터 및 큐에 맞는 프리 작업(선 작곡)을 하고, 촬영 편집본 필름이 오면 영상에 맞게 새로 작곡을 하거나 기존 프리 작업된 곡을 전개시켜, 최종적으로 필름의 음악의 In, Out까지 정해서 곡이 만들어집니다. 그렇게 모든 곡의 작업이 완료되면 각 악기마다 녹음을 하고, 가장 마지막 작업인 Post Production에서 최종 믹스된 음악을 필름에 입히는 작업을 하면 개봉이 이뤄집니다.

Q 주로 사용하는 프로그램은?

A 저는 시퀀싱은 '큐베이스'를 사용하고, 악보 사보는 '시벨리우스'를 사용합니다.

Q 밴드 편곡 방식과 미디 편곡 방식의 차이가 크다고 생각하나요? 또 요즘 악기를 녹음하지 않고 미디를 사용하여 제작하는 사람들이 많은데, 음질에 크게 차이가 있는지요?

A 개인적인 생각으로는 밴드 편곡 방식과 미디 편곡 방식의 차이는 이제는 크지 않다고 봅니다. 퀄리티 높고 다양한 가상 악기가 많은 요즘에는 충분한 작 · 편곡 연습만 되어 있다면, 미디만 이용해도 충분히 리얼한 사운드와 연주 효과도 분명 만들 수 있다고 생각합니다.
실례로, 제가 작업한 영화음악인 '수상한 그녀'의 〈나성에 가면〉, 〈하얀 나비〉라는 곡은 미디로 실제 연주와 같은 밴드 편곡을 한 후, 그 음원으로 모든 촬영이 이루어졌고, 후반에 악기 녹음들만 다시 진행을 했는데, 그 두 음원의 차이를 크게 느낄 수 없었습니다.

Q 영상 음악으로 1인 레이블 음원 발매를 할 수 있는 방법이 있다면 어떤 방법이 있을까요?

A 영화나 드라마는 작품을 선보이면서 음악이 같이 제공되기 때문에 방식은 많지 않습니다. 하지만 최근 영상 음악 라이브러리 음반을 출시하는 경우가 종종 있습니다. 보통 영화나 드라마, CF 등에서 사용될 수 있는 다양한 형태의 음악들이 있는데, 어떠한 현장에서 음악이 필요할 때, 그 음악 콘텐츠(영상음악 라이브러리로 출판된 음원)를 구입하여 사용되는 방식입니다. 이와 같은 형태의 음원 발매는 1인 레이블이 가능하다고 봅니다.

2) 작사

작사는 음악에 붙일 가사를 만드는 작업입니다. 사람들은 가사의 내용에 공감하며 음악을 듣기 때문에, 멜로디와 코드를 만드는 것 못지않게 가사를 잘 쓰는 것도 중요한 작업입니다. 싱어송라이터들은 대부분 작사까지도 직접 하는 경우가 많습니다. 우리가 듣는 대중음악들은 대부분 작곡가가 직접 쓴 가사보다 전문 작사가가 작사한 곡들이 더 많습니다.

작사의 방법 역시 장르에 따라 다릅니다. 대중가요에는 발라드, 댄스, 재즈 등 수많은 장르의 음악들이 있는데, 세부 장르로 들어가면 또 여러 갈래의 혼합 장르들로 이루어져 있습니다. 그래서  가사는 곡의 분위기 및 멜로디의 흐름에 어울리도록 만들어야 합니다. 어떤 곡은 이야기하듯이 풀어놓는가 하면, 또 어떤 곡들은 반복되는 멜로디에 중독성 있는 구절을 넣기도 하고, 어떤 곡들은 의미가 없는 언어를 사용하기도 합니다.

작사에 자신이 없는 분들은 주변에 작사를 잘하는 분들에게 의뢰해보는 것도 좋은 방법입니다. 그래도 직접 써보고자 하는 분들은 시중에 나와있는 작사 관련 도서를 참고하거나, 실용음악학원 등에 개설되어 있는 작사 수업을 듣고 가사를 써보기를 권합니다.

3) 편곡

큐베이스 7.5   로직X

　　요즘 작곡가들은 작곡과 편곡을 분리해서 생각하진 않습니다. 거의 대부분의 작곡가들이 미디를 이용해 작곡을 하기 때문에, 작곡과 동시에 편곡이 진행되는 경우가 많습니다. 미디 작업을 할 때는 시퀀싱[1] 프로그램이 필수인데, 보편적으로 많이 사용하는 프로그램은 '큐베이스'와 '로직'이며, 이외에도 '소나', '누엔도', '리즌', '스튜디오원', '프로툴' 등 많은 프로그램들이 존재합니다.

　　요즘에는 가상 악기(VSTi)[2]의 퀄리티가 굉장히 좋아서, 드럼, 베이스, 피아노 파트는 미디로 편곡하여 편곡한 소스를 그대로 사용하는 경우가 많습니다. 하지만 밴드 음악을 하거나, 어쿠스틱한 사운드를 추구하는 아티스트들은 올 파트 리얼 녹음을 하기도 합니다.

　　미디로 편곡하는 경우에는, 작곡가 혹은 편곡자가 컴퓨터 앞에 앉아서 다양한 가상 악기들을 열어보고 선택하여, 일명 '찍는' 작업을 하며 편곡을 합니다. 올 파트 악기 녹음을 하는 경우에는, 악기별 악보를 준비하는 것이 원칙이며, 악보를 준비하며 악기 및 음악에 대한 편곡을 하는 경우가 많습니다.

---

1 전자 녹음 장비의 하나로, 일반적으로 큐베이스 등과 같은 미디 신호를 받아 녹음하고 편집하는 프로그램을 일컫는 말이다.

2 'Virtual Studio Technology Instrument'의 약자. 큐베이스 프로그램에 사용되는, Plug-in 형태의 소프트웨어의 표준 용어로 사용되기 시작했다.

큐베이스 편곡 작업

이미 멤버가 구성되어 활동하고 있는 밴드의 경우에는 멤버 전원이 함께 편곡
을 하기도 합니다. 또 편곡된 악보를 깔끔하게 출력하기 위해 '피날레'와 '시벨
리우스' 등의 notation 프로그램을 씁니다.

피날레 2011

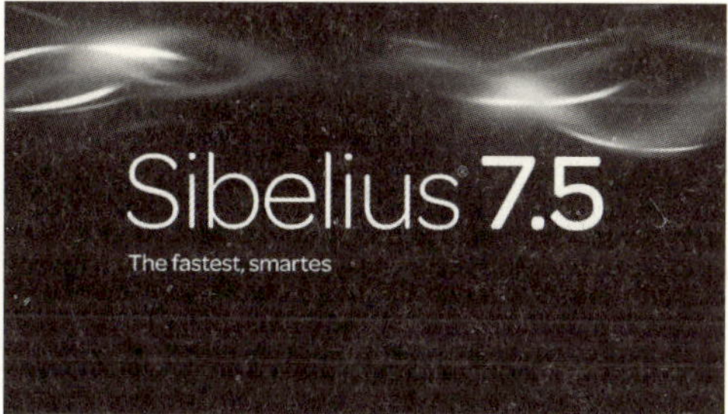

시벨리우스 7.5

4) 녹음

　아무리 미디로 음악을 하는 시대라고 해도 녹음 작업은 필요합니다. 요즘
에는 홈 스튜디오를 구축할 수 있기 때문에 자신의 집, 또는 작업실에 녹음

가능한 환경을 만든다면 굳이 녹음실에 가지 않아도 간단한 녹음은 해결할 수 있습니다. 하지만 드럼, 스트링과 같은 악기들을 직접 녹음하길 원한다면, 녹음실을 렌탈하여 하는 것이 좋습니다. 녹음실에서는 일반적으로 '프로툴즈'라는 프로그램을 사용합니다.

녹음을 하러 갈 때에는, 미디로 작업한 음원들의 각각의 소스를 따로따로 Wave 포맷의 상태로 익스포트하여, USB 또는 외장하드와 같은 저장 장치에 준비해야 합니다.

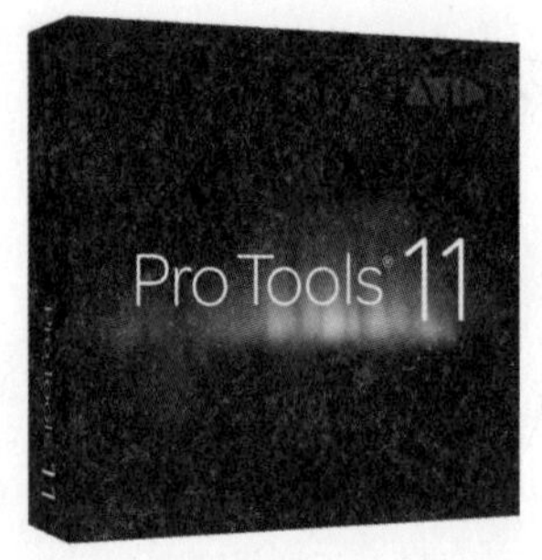

프로툴즈 11

녹음은 보컬, 기타, 코러스를 제일 많이 하며, 나머지 악기들은 미디로 작업하는 경우가 많습니다. 어쿠스틱한 사운드를 추구하는 아티스트들은 모든 악기를 직접 녹음하는데, 그런 경우 좀 더 많은 시간을 렌탈하기도 합니다.

녹음실은 시간 단위로 렌탈하지 않고, '1프로'라고 부르는 프로 단위로 렌탈하는 게 일반적입니다. 녹음실마다 조금씩 차이가 있긴 하지만 보통 1프로는 3시간~3시간 30분 정도입니다. 가격도 녹음실의 시설이나 지리적 위치 등에 따라 차이가 있으니, 본인에게 잘 맞는 녹음실을 찾아야 할 것입니다.

5) 믹싱 & 마스터링

믹서

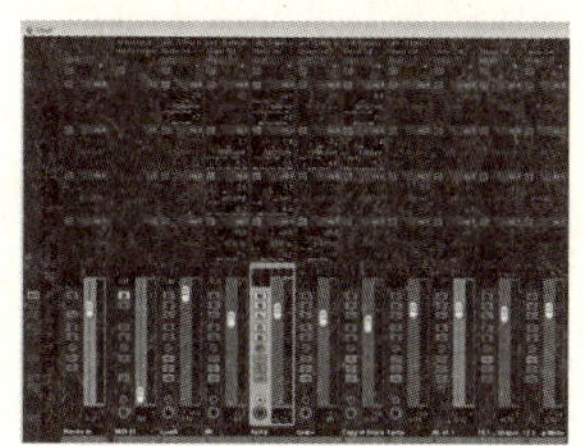

큐베이스 믹서 윈도우

이 과정은 모든 파트의 녹음이 끝난 후, 각각의 소스들의 밸런스를 맞추고, EQ, Compressor, Reverb, Delay 등을 이용하여 이상적인 음원을 만드는 과정입니다. 예전에는 이 작업을 하기 위해서는 녹음실을 렌탈하여 외장 이펙터를 직접 조작하고, 대형 콘솔을 사용해야 했습니다. 그러나 현재는 값비싼 외장 이펙터들이 가상 이펙터(VST)[3]로 복각되어 판매가 되고 있고, 거의 대부분의 DAW[4]에서 사용됩니다. 믹싱은 전문 엔지니어에게 의뢰를 하는 것이 좋겠지만, 믹싱에 대한 지식이 있다면 직접 믹싱을 할 수도 있습니다.

믹싱을 하는 데 최적의 환경을 조성하기 위해서는, 정확한 모니터링을 위한 공간을 확보하고, 스피커의 위치를 잘 맞춰야 합니다. 그러한 환경을 만들기가 힘들다면, 개방형 헤드폰을 사용하여 믹싱을 하는 것이 도움이 됩니다. 적당한 공간감과 함께 각각의 소스들을 높은 해상도로 들을 수 있기 때문입니다.

전문 엔지니어에게 의뢰를 할 경우에도 녹음실 렌탈 방식으로 프로당 비용을 지불하게 되는데, 믹싱비+녹음실 렌탈비가 총 비용입니다.

---

3 'Steinberg's Virtual Studio Technology'의 약자로, 전자 음악 편집 소프트웨어 및 레코딩 시스템과 신디사이저 및 이펙트를 이어주는 플러그인 형식의 표준 규격을 의미한다.

4 'Digital Audio Workstation'의 약자. 컴퓨터, 디지털 오디오 소프트웨어, 디지털 오디오 인터페이스 세 가지의 조합으로 이루어진 환경을 뜻한다.

이렇게 믹싱이 끝나면 마스터링 작업을 해야 합니다. 마스터링 작업은 믹싱된 음원의 음압을 끌어 올리고, 음원에 색깔을 주며, EP, 정규 앨범은 한 앨범에 들어가는 곡들의 느낌

마스터링 플러그인

이나 음압, 색깔을 고르게 맞춰주는 작업까지 하게 됩니다.

마스터링 전문 스튜디오에 의뢰할 수도 있지만, 요즘에는 마스터링 툴로 판매되는 플러그인[5]들을 이용하여 직접 할 수도 있습니다.

지금까지 대략적인 음원 제작 과정을 살펴봤습니다. 이 부분은 앨범 제작 비용 및 규모, 또 음악의 장르에 따라서도 많이 달라질 수 있으므로, 자신의 상황에 맞게 참고하길 바랍니다.

6) 제이써니의 EP 앨범 제작기 – 음원 제작

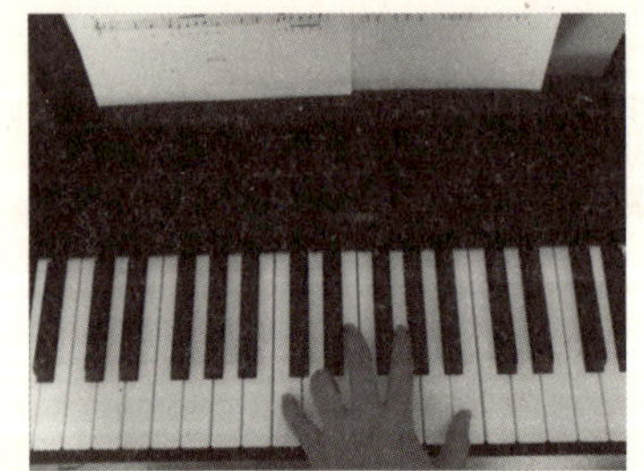

필자의 앨범 제작기를 따라 실습해 봅시다. 작곡법부터 차근차근 따라가 볼까요? (앞서 살펴봤듯 작곡의 방법은 개인마다 다릅니다. 정답이 아닌, 어디까지나 제가 쓰는 방법이라는 점을 밝힙니다.)

우선 저의 작곡 방법을 소개하겠습니다. 저는 어린 시절부터 피아노를 연주해왔기 때문에 주로 피아노 앞에 앉아서 곡

을 쓰는 편입니다. 앞서 설명한 방법 중 첫 번째와 두 번째 방법을 많이 사용하는데, 두 방법을 따로따로 사용하기 보다는 피아노로 코드 진행을 연주하면서 멜로디를 흥얼거리거나, 멜로디도 피아노로 함께 만드는 경우가 많아서 두 방법을 혼합하여 작곡을 합니다.

저는 약 5곡 정도의 곡을 담은 EP 앨범을 제작하려고 합니다. 싱글 앨범과 정규 앨범의 사이라고 보시면 될 것 같습니다. 0.5집 정도라고 할 수 있지요. 싱글 앨범과 정규 앨범의 사이의 형태이기 때문에, 싱글 앨범과 정규 앨범의 경우도 함께 소개하도록 하겠습니다.

① 기획

어떤 일이든 계획을 잘 세워야 성공하듯이, 기획은 굉장히 중요한 단계입니다. 저는 '허니뮤직'이라는 1인 레이블을 운영 중인 만큼, 대부분의 기획 및 작업은 혼자 진행을 합니다. 우선 발매 일정을 정해둬야 뚜렷한 목표를 가지고 준비할 수 있기 때문에, 발매 일정을 잡아보겠습니다. 사실 이 발매 일정이라는 것이, 미리 계획해 놓아도 상황에 따라 연기되는 경우가 많아서 큰 의미가 없을 수도 있지만, 그래도 잡아놓고 하는 편이 작업 속도나 능률에 도움이 됩니다.

앨범의 발매 시기는 대략 2015년 5월 중순 정도로 잡았습니다. 달력에 동그라미 쳐두고, 이제부터 D-Day에 맞춰 해야 할 작업들을 정리해 봤습니다. 물론 모든 것을 계획대로 진행하기는 어렵습니다. 상황에 따라서 일정을 조정할 수도 있습니다. 하지만 계획표를 세워놓으면 일종의 미션을 수행한다는 느낌으로 해야 할 일들을 체크하며 준비할 수 있으니, 평소에 미루는 습관이 있는 분들이라면 계획표를 만들고 준비해 봅시다.

 1월

Sun	Mon	Tue	Wed	Thur	Fri	Sat
				1 앨범 기획	2	3
4	5 콘셉트에 따른 곡 장르 선정	6	7 곡 작업 스타트 (작사, 작곡, 편곡)	8	9	10
11	12	13	14	15	16	17
18	19	20	21	22	23	24
25	26 곡 작업 마무리 (작사, 작곡, 편곡)	27	28 녹음실 및 세션 섭외	29 앨범 자켓 촬영 업체 섭외	30 유통사 섭외	31 앨범 녹음 준비

■ 곡 작업 기간

 2월

Sun	Mon	Tue	Wed	Thur	Fri	Sat
1	2	3 메인 보컬 녹음	4 메인 보컬 녹음	5 세션 및 코러스 녹음	6	7 발매 시기 회의
8	9	10 앨범 자켓 촬영	11	12 믹싱, 마스터링 작업 스타트	13	14
15	16	17	18	19	20	21
22	23 믹싱, 마스터링 작업 마무리	24 앨범 자켓 후보정 및 시안 정리	25	26 앨범 홍보 계획	27	28 뮤직비디오 아이 디어 및 제작 준비

■ 녹음 기간 ■ 믹싱, 마스터링 기간

 3월

Sun	Mon	Tue	Wed	Thur	Fri	Sat
1	2 뮤직비디오 작업	3	4	5	6	7
8	9 티저 영상 작업	10	11 쇼케이스 계획	12 쇼케이스 세션 섭외	13	14 보도자료 준비
15	16 홍보용 영상 촬영	17	18 쇼케이스 연습	19	20	21
22	23	24	25 쇼케이스 연습	26	27	28
29	30	31 CD 프레싱 업체 선정 및 의뢰				

■ 뮤직비디오 촬영 및 편집 작업 기간 ■ 티저 영상 편집 작업 기간

4월

Sun	Mon	Tue	Wed	Thur	Fri	Sat
			1 홍보 자료 제작 (쇼케이스 배포용)	2	3	4 CD 및 홍보 자료 확인
5	6	7 각 방송국 심의 신청	8	9	10	11
12	13	14	15	16	17 티저 영상 배포	18
19	20	21	22 1차 홍보 영상 업로드	23	24	25
26	27 1차 보도자료 배포	28	29	30		

5월

Sun	Mon	Tue	Wed	Thur	Fri	Sat
					1	2
3	4	5	6	7	8	9
10	11	12	13	14	15	16
17	18	19	20	21 D-Day 제이써니 EP 발매 예정일	22 쇼케이스 (예정일)	23 2차 보도자료 배포
24	25	26	27	28	29	30
31						

이제 전반적인 앨범 콘셉트와 음악 장르 정도를 정해보도록 하지요. 일단 앨범 발매 예정일이 5월 중순이니 봄의 막바지, 여름의 시작 즈음이 되겠군요. 하지만 콘셉트를 계절에만 맞추면, 발매 일정이 연기되는 순간 계절이 지나버려 발매하기 힘든 상황이 될 수 있으니, 시즌에 구애받지 않는 곡들로 채

우는 것이 좋을 것 같습니다.

　보사노바의 리듬을 바탕으로 한 곡과 발라드 등으로 전체적인 곡을 구성해 볼 예정입니다. 작곡, 편곡은 제가 직접 진행할 것이며, 작사 및 각종 악기 세션, 코러스 등은 전문 인력을 활용할 것입니다. 앨범의 콘셉트는 진부하지만 진부하지 않은 '여행과 사랑'을 주제로 할 예정입니다. 그럼 대략적인 콘셉트가 정리되었으니 본격적인 작곡 작업으로 들어가 볼까요?

② 작곡

　작곡의 방식은 작곡가마다 조금씩 차이가 있답니다. 개요에 언급했듯이, 가사를 먼저 쓰기도 하고, 멜로디를 먼저 쓰기도 하고, 리듬을 먼저 찍기도 하고, 코드를 먼저 쓰는 작곡가도 있습니다. 여기서는 저의 앨범 제작기를 바탕으로 소개하고 있으니, 저의 작곡

방식대로 진행하도록 하겠습니다.

저는 주로 피아노 앞에 앉아서 멜로디와 코드를 함께 만드는 방식으로 곡을 쓴답니다. 아무래도 피아노라는 악기가 편해서 그렇게 작업을 하게 됩니다. 어떤 식으로 작곡을 하든지 자신에게 편한 악기를 가지고 하면 음악에 대한 집중도가 높아집니다.

이 EP 앨범에 총 5곡을 실을 예정인데, 주어진 기간 안에 5곡을 쓴다는 것이 쉬운 일은 아니지요. 그래서 그동안 써두었던 곡들을 선별하기도 하고, 새롭게 곡을 쓰기도 하려고 합니다. 타이틀 곡으로 선정한 1번 트랙 〈My Trip〉의 제작 과정을 따라가 볼까요?

〈My Trip〉은 제가 이번 앨범을 기획하며 작곡한 곡입니다. 보사노바 장르로 가볍고 따뜻한 느낌을 주려고 했습니다. 멜로디는 여행지에서 만들고, 코드 및 멜로디 정리는 제 작업실 피아노 앞에 앉아서 마무리했습니다.

작곡의 과정은 개개인마다 방식이 다르기도 하고, 이 책을 필요로 하는 독자 분들이라면 작곡을 이미 충분히 할 수 있을 것이라고 생각하여, 디테일한 부분을 다루지는 않겠습니다.

③ 작사

저는 리메이크 곡 한 곡을 제외하고, 총 4곡의 가사를 만들어야 했는데요. 제가 쓴 곡들은 대부분 이야기하듯이 풀어가는 가사들이 잘 어울리는 곡들이라서, 저의 경험이나 누군가의 러브 스토리 및 영화 등에

서 모티브를 얻어 만들었습니다. 전 곡의 작사를 모두 직접 하지는 않았고, 두 곡은 외부 작사가에게 의뢰했습니다. 〈My Trip〉은 캄보디아를 여행하면서 받은 느낌을 가사로 썼습니다.

④ 편곡

저는 어쿠스틱한 사운드를 추구하지만, 드럼, 베이스, 피아노는 가상 악기 및 샘플을 많이 활용하는 편입니다. 스트링 계열은 녹음을 하기도 하고, 가상 악기를 이용하기도 합니다. 주로 사용하는 DAW는 큐베이스인 만큼 이번 EP 제작에도 역시 모두 큐베이스를 이용했습니다.

요즘엔 편곡을 미디 작업을 하며 진행하는 경우가 많은데, 실제로 녹음할 악기의 편곡은 미디로 작업한 소스와 실제로 녹음한 소스를 믹싱하여 음원 제작을 합니다. 이번 앨범에서는 드럼, 베이스, 피아노, 스트링 등 대부분의 악기는 가상 악기를 사용했고, 기타만 따로 세션을 섭외하여 녹음했습니다. 노래와 코러스는 제가 직접 했습니다.

저는 편곡을 하기 전에 작곡과 작사 작업이 끝나면, 모든 곡을 악보로 정리를 합니다. 손으로 악보를 그리기도 하지만, 요즘엔 피날레나 시벨리우스와

〈My Trip〉 악보의 일부

같은 사보 프로그램을 활용하여, 좀 더 깔끔하게 악보 정리를 합니다. 이번 작업에는 피날레를 사용했습니다.

▶▶작업 시스템 소개

작업을 시작하기 전에 저의 작업 시스템과 장비를 소개하겠습니다.

PC	Window 버전 Window 7 Ultimate K		
Lab Top	Mac Book 13"		
시스템	프로세서: Intel(R) Core(TM) i7-3770 CPU @ 3.40GHz 3.40 GHz 설치된 메모리(RAM): 16.0GB 시스템 종류: 64비트 운영 체제		
오디오 인터페이스	RME Fireface UFX USB & Firewire Audio Interface RME ARC Advanced Remote Control Apogee1		
모니터 스피커	Yamaha HS5 Genelec 8030A	헤드폰	Sennheiser HD700 SONY MDR-7506
마스터 키보드	NOVATION 61 SL MK II M-AUDIO Keystation Mini 32	마이크	MXL-990S SM58 RF-X Reflexion Filter X

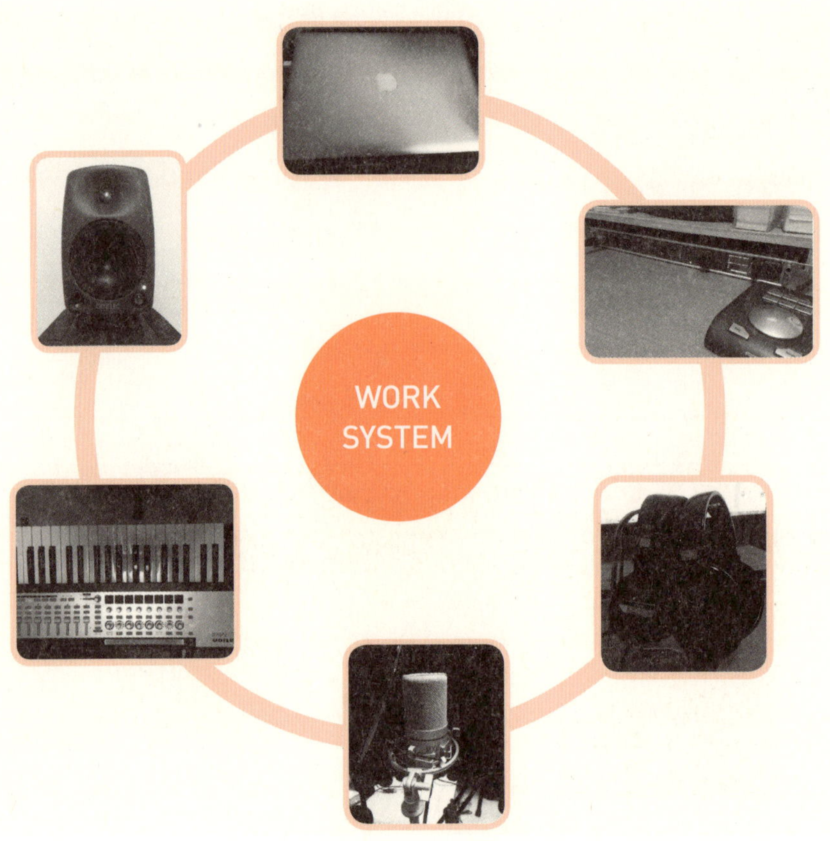

〈My Trip〉은 드
럼 작업을 먼저 해
놓았습니다. 가지고
있는 재즈 드럼 소
스를 '베터리'라는
드럼 샘플러 기능을
하는 VSTi를 이용

〈My Trip〉 큐베이스 작업 창

했습니다. 베이스는 '트릴리안', 피아노는 컨탁라이브러리의 'Alicia's Keys'라는 소스를 사용했고, 기타는 세션맨에게 의뢰하여 녹음했고, 보컬, 코러스는 직접 녹음했습니다.

다음은 이미지는 큐베이스 작업창에서 각각의 트랙의 모습입니다. 믹싱을 위한 멀티트랙 익스포트를 하기 위해 드럼은 악기별로 따로 트랙을 사용했고, 베이스와 피아노 등 가장 기본 구성으로 편곡을 했습니다. 기타는 따로 녹음할 예정이었으므로 이 단계에서는 시퀀싱을 하지 않았습니다.

〈My Trip〉 편곡 작업 창(각각의 트랙)

각 트랙별 디테일한 편집은 다음과 같은 Key Editor에서 조정했습니다. 다음은 피아노 트랙의 편집 창입니다. 직접 연주를 한 데이터에 벨로서티를 조정하고, 서스테인 페달도 몇 곳 수정했습니다. 미디 작업은 녹음 후에 얼마든지 수정을 할 수 있고, 연주가 마음에 들지 않더라도 시퀀서들의 다양한 기능을 통해 보정할 수 있습니다.

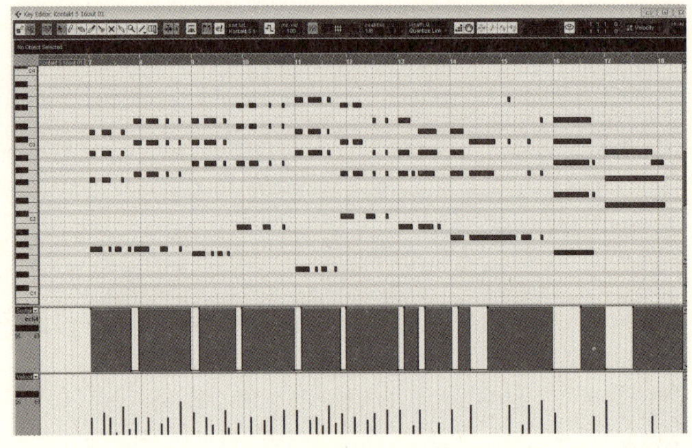

〈My Trip〉 피아노 트랙의 편집 창

　　이렇게 총 13개의 멀티트랙 소스를 익스포트해 두었습니다. 이 소스들은 기타와 메인 보컬, 코러스 녹음 후에 녹음 소스들과 함께 믹싱을 할 것입니다. 일단 저는 보컬 녹음을 하기 위하여 이 13개의 소스들을 간단히 믹싱하여 MR을 만들어 두었습니다.

⑤ 녹음

　　이 앨범에서 녹음이 필요한 부분은 기타와 노래, 코러스 부분이었습니다. 기타는 총 2곡, 보컬 및 코러스는 총 5곡이었기 때문에 녹음실을 5프로 렌탈했습니다.

*녹음실 및 믹싱·마스터링 스튜디오 리스트는 부록의 표를 참조하기 바랍니다.(120p)

⑥ 믹싱

　　저는 대부분의 믹싱을 직접 하는 편이지만, 곡 수가 많거나 상황이 여의치 않은 경우에는 전문 엔지니어에게 의뢰하기도 합니다. 〈My Trip〉은 총 20개의 트랙이 나왔습니다.

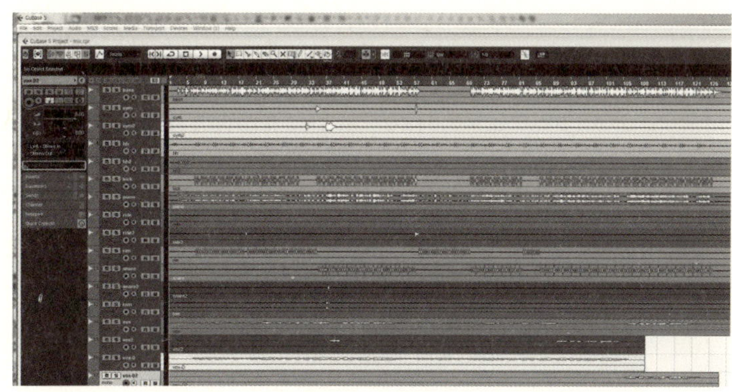

〈My Trip〉 멀티 트랙

　먼저 보컬 트랙을 에디팅 했습니다. 보컬 에디팅은 오토 튠으로 해도 되고, 시퀀서 자체의 튠을 사용해도 됩니다. 이렇게 보컬 에디팅을 할 수 있는 다양한 툴이 있지만, 저는 제가 주로 사용하는 '멜로다인'으로 보컬 에디팅을 했습니다. 에디팅 과정에서는 미세하게 엇나간 피치를 맞추거나 거친 톤 및 바이브레이션, 음절 하나하나의 볼륨값 등을 정리할 수 있습니다.

　다음은 멜로다인 에디팅 창의 모습입니다. 아래와 같이 모든 악기의 소스

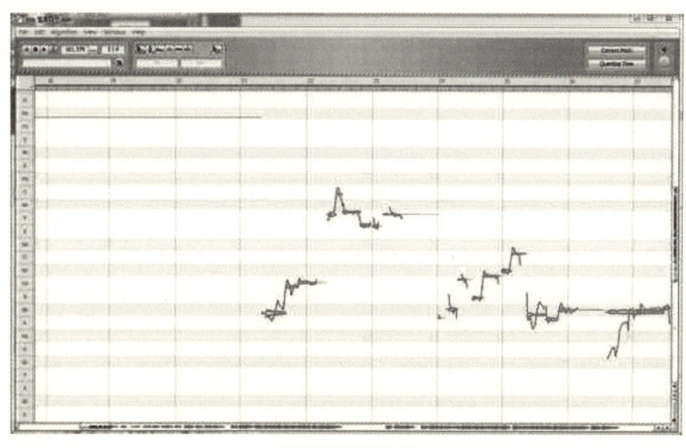

멜로다인 에디팅 창

들을 임포트하고, 트랙 정리를 합니다. 저는 드럼 폴더를 따로 만들어서 트랙을 정리했습니다. 트랙 정리가 끝나면, 믹싱을 시작합니다. 믹싱을 할 때는 볼륨 밸런스를 맞춰주고, 각 악기들의 Pan 값을 주고, 소스마다 필요에 따라 EQ, Compressor 등을 걸어줍니다.

〈My Trip〉의 Mixer 창

저는 Waves의 'Q6'라는 EQ와 'api2500'이라는 Compressor를 걸어줬습니다. 여기서 EQ는 Equalizer의 약자로, 오디오 소스의 특정 주파수 대역을 부스트하거나 컷트시키면서 사운드를 고르게 해주는 역할을 합니다.

〈My Trip〉의 보컬 트랙에 걸어준 EQ, Compressor

Compressor는 사전적으로는 다양한 의미가 있지만, 믹싱을 할 때는 일종의 자동 볼륨 제어 장치로, 볼륨의 범위를 정해두고, 그 볼륨의 범위를 벗어나는 소리를 제어하며 사운드를 정리해주는 역할을 합니다.

그 다음에는 공간계, 시간계 이펙터인 Reverb와 Delay를 사용하여 사운드에 공간감을 줄 수 있습니다. 큐베이스에서는 FX Channel Track을 활용해 이펙터를 불러오며, 이 이펙터들이 필요한 트랙에는 Send를 통해 필요한 만큼의 이펙터를 걸어줍니다. 로직이나 프로툴에서는 Aux 채널을 활용하여 똑같은 원리로 이펙터를 보내줍니다.

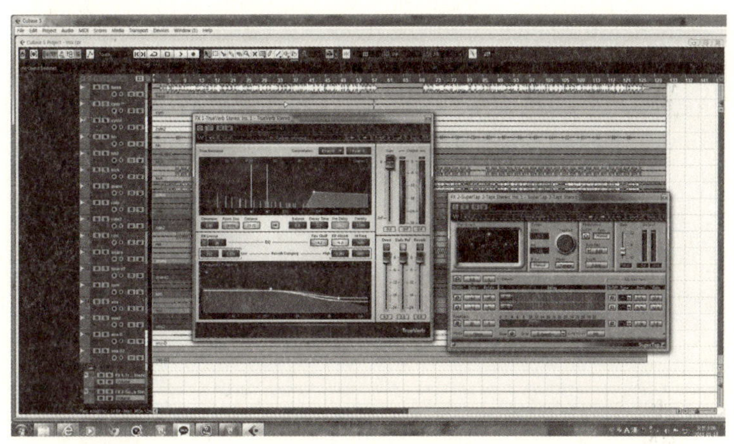

〈My Trip〉의 보컬 트랙에 FX Channel Track을 활용하여 Send로 걸어준 Reverb, Delay

저는 Waves의 'True Verb'라는 Reverb와 'Super Tap'이라는 Delay를 사용했습니다. 이렇게 각 트랙의 사운드 정리가 끝나면 믹싱이 마무리 됩니다.

믹싱을 할 때 중요하게 고려해야 할 사항이 있는데, 그것은 객관적인 모니터링이 가능한 환경을 조성을 해야 한다는 것입니다. 객관적인 모니터링이 되지 않는다면, 왜곡된 소리를 듣고 판단하게 되므로 정확한 믹싱을 할 수 없기 때문입니다.

⑦ 마스터링

앞서 다루었듯 마스터링은 음압 및 전체 사운드를 고르게 하는 작업입니다. 앨범 수록곡 전체의 분위기를 맞추기 위해 반드시 필요한 과정입니다. 마스터링 작업도 전문 스튜디오에 의뢰할 수도 있고, 다양한 플러그인을 활용하여 직접 할 수도 있습니다. 제가 사용한 마스터링 툴은 '오존'과 '마세라티'라는 플러그인입니다.

오존

마세라티

마스터링 작업을 하는 데는 여러 의미가 있는데, 첫 번째로는 음압을 높여주고, 두 번째로는 두 곡 이상의 곡이 실릴 경우에 각 곡들의 사운드의 느낌을 고르게 잡아주는 작업을 하며, 세 번째로는 각 곡들의 연결 부분의 rest 타임을 정해주는 작업을 하게 됩니다. 물론 그 이상의 복잡한 작업들도 수행을 합니다. 부족한 주파수 대역의 사운드를 더 높이고, 과한 대역은 내려주기도 하며, 그 이상의 많은 부분들을 정리해 줍니다.

마스터링 작업 역시 객관적인 모니터링이 가능한 환경을 조성을 해야 합니다. 역시 객관적인 모니터링이 되지 않으면, 왜곡된 소리를 듣고 판단하게 되므로 정확한 마스터링을 할 수 없기 때문입니다.

〈My Trip〉의 마세라티를 활용한 마스터링

홍성준(Hong Sound Mix Lab 대표)

▶ 홍익대 기계공학과 졸업
  서울 재즈아카데미 레코딩과 10기
▶ 한국방송아카데미, 서울예술대학 디지털아트과 출강
▶ 2PM, 티아라, 이효리, 비스트, 미쓰에이, 4men 등의
  음악 믹스

Q 음악 혹은 엔지니어를 시작하게 된 계기가 궁금합니다.

A 아주 우연한 기회에 시작했어요. 중학교 때 집에서 놀고 있던 통기타가 아까워서 학원을 다닌 것이 고등학교 때 밴드를 시작한 계기가 되었지요. 수능이 끝나고는 강남역에 있던 아타리를 가르치는 미디 학원을 다녔는데, 당시는 미디와 하드 레코딩의 시작 단계였기 때문에 아무래도 생소하긴 했어요. 대학교 때부터는 밴드 활동과 함께 4트랙 테잎레코더와 8트랙 하드레코더로 녹음을 했는데, 이 때부터 작곡 활동도 시작했습니다. 군대는 기타 연주병으로 군악대에 입대했는데, 그곳에서 음악을 전공한 친구들에게 음악 공부를 제대로 할 수 있었습니다. 제대 후에 작곡과 기타 연주를 병행하다가 엔지니어라는 직업에 관심이 갖기 시작했어요. 돌아보니 줄곧 음악만 보며 살아왔네요(허허).

Q 현재 주로 하고 있는 작업들은 어떤 것들이 있나요?

A 아무래도 이효리의 〈유고걸〉을 많은 분들이 사랑해 주셨던 것 때문인지, 한동안 댄스 작업이 많았어요. (요새는 EDM이라 하나요?) 물론 사운드 표현의 자유도가 높은 댄스 음악은 믹스 엔

지니어의 관점에선 정말 매력적입니다. 하지만 제가 밴드 출신이어서인지 어쿠스틱 음악이나 발라드 곡을 믹스하는 것도 어느 것 못지않게 좋아요. 댄스 음악과는 다른 관점에서 음악에 감성적인 생기를 불어넣고, 음악을 해석한대로 한편의 단편 영화를 만들 듯 표현하며 완성해가죠. 모든 장르는 장르마다의 재미와 매력이 있는 만큼, 장르 때문에 음악을 가리는 일은 없습니다.

Q 믹싱을 할 때 제일 중요시 하는 요소는 무엇인가요?

A 악기 간 밸런스와 보컬의 음색, 공간감과 레벨. 그 어느 하나 중요하지 않은 것이 없을 정도로 믹스는 유기적으로 맞물려 있는 여러 요소들이 어우러져야 하는 작업이지만, 그 중에 하나를 꼽아야 한다면, '감동'이 아닐까요? 듣는 이들에게 느껴질 감동, 어떤 곡이든 궁극적으로 청중에게 전달해야 할 메시지가 있는데요. 때로는 기쁨이 될 수도, 슬픔이 될 수도, 또 때로는 추억을 이끌어낼 향수를 주어진 편곡과 구성 안에서 사운드로 승화시켜야 할 때도 있거든요. 어떤 아티스트에게나 마찬가지이겠지만, 자신이 감동받지 못하는 작품은 누구에게도 감동을 줄 수 없다는 생각으로 감정선을 이끌어 나갑니다.

Q 홍사운드 믹스랩은 믹스 전문 스튜디오인데요. 대부분의 스튜디오는 녹음을 중심으로 하는데, 믹스 전문 스튜디오는 최초인 듯한데……

A 홍사운드 믹스랩을 시작한지 만 3년이 되어가네요. 그 전까지는 큰 규모의 렌탈 스튜디오에 근무를 했어요. 우리나라 대중음악 시장엔 보통 한 곡당 2프로라고 정해진 불문율 같은 룰이 있는데요. 사실 저는 그렇게 시간을 정해놓고 작업하는 스타일이 못되거든요. 믹스를 빨리 할 수 있는 능력이 없는 거죠.
한 곡 한 곡마다 해석과 모니터, 여러 사람들과의 커뮤니케이션과 수정 등의 많은 과정을 거쳐서 음원이 나오면 이게 100년을 가는 거잖아요. 당연히 신중할 수밖에 없는 작업이지요. 그런 제 작업 스타일이 시간을 지켜야 하는 렌탈 녹음실에는 민폐가 되더라구요. 그래서 조그맣지만 모니터링이 완벽하고 편안하게 쓸 수 있는 저만의 공간을 가지고 싶었던 거죠. 여러 지인들의 도움으로 공간 디자인부터 전기, 장비, 사운드 등 정말 많이 공부하고 신경 써서 탄생시킨 공간입니다.

Q 1인 레이블에 대해 어떻게 생각하나요?

A 세상은 빠르게 변해가고 있습니다. 음악뿐 아니라 사회의 모든 분야가 그렇죠. 음악도 마찬가지인데, 이제는 개인이 컴퓨터를 이용해서 작곡과 편곡, 믹스와 마스터링 작업까지 가능하게 되었잖아요. 무엇보다 비용이 절감되고, 여러 단계의 작업을 거쳐도 곡의 콘셉트가 극대화될 수 있다는 장점이 있겠지요. 하지만 작업 결과물의 퀄리티가 작업자의 역량에 따라 편차가 심해질 수 있습니다. 이러한 단점을 극복하고 좋은 결과물을 내기 위해서, 1인 레이블을 준비하는 사람은 다방면에 걸쳐 정말 많은 공부와 실습을 하는 것이 필수라고 생각합니다.

Q 많은 사람들이 스스로 작업을 하고 있는데, 팁을 주신다면 무엇이 있을까요?

A 위에서도 말씀드렸다시피, 개인 발매라는 것이 여러 가지 이점이 있는데요. 가장 중요한 건 우리가 음악을 하고 있다는 사실을 항상 인지하는 것입니다. 음악에는 아무런 규칙도, 법도 존재하지 않습니다. 다만 내가 왜 이 음악을 하고 있는지에 대한 이유와 목표는 확실해야 한다고 생각해요. 멜로디도, 화성도, 사운드도 사람들의 마음을 움직일 수 있다면, 그것만으로 의미가 충분하다고 봐요. 고정관념을 타파하고 나만의 것을 만들어가는 것, 이것이 가장 중요한 요소이자 팁입니다.

⑧ 완성

이렇게 음원이 완성되었습니다. 하지만 지금부터가 여러분들이 가장 궁금해 할 부분일 것입니다. 바로 유통 과정 및 절차, 방송국 심의 방법, 홍보 방법입니다. 그럼 다음 파트에서 이 과정들에 대하여 상세하게 알아보도록 하겠습니다.

1인 레이블 가이드북

PART 03

앨범 유통 과정

앨범 유통 과정

많은 뮤지션들이 이 과정에 들어서면 어떻게 해야 할지 어려워합니다. 앨범을 낸다는 것 자체가 돈이 많이 들고, 쉽지 않은 일이라고 생각하기 때문이죠. 불과 10년 전만 해도 음반을 낸다는 것이 쉬운 일이 아니었습니다. 음원 제작 과정부터, 유통, 홍보까지 스스로 하기에는 어려운 일이었고, 많은 사람들의 노력이 필요했기 때문이죠.

하지만 지금은 홈 스튜디오 및 홈 레코딩이 가능해졌고, SNS, 유튜브 등을 통해 공중파 방송 홍보 없이도 음반 홍보가 가능한 시대가 되었습니다. 그리고 생각만큼 유통 과정이 어렵지도 않답니다.

그렇다면 유통 과정에 대하여 알아볼까요?

일단은 CD를 찍을 것인지, 아닌지의 여부를 먼저 정해야 합니다. 요즘에는 음원만 유통하는 경우가 많기 때문에, CD를 함께 유통하려면 CD 유통사를 따로 알아보거나, CD 유통도 함께 가능한 유통사를 알아봐야 합니다.

유통사를 선정하면서 함께 준비해야 하는 것들이 있는데, 바로 자켓 제작입니다. 온라인상에 보여질 썸네일 및 CD를 함께 준비한다면, CD 내부에 들어갈 자켓 사진 및 내용 준비입니다. CD 제작 방법 및 제작 업체 선정도 중요하므로, CD 제작 업체 몇 곳도 함께 소개하도록 하겠습니다. 뮤직비디오도 함께 유통한다면, 그 부분까지도 유통사에 함께 유통 요청을 해야 합니다. 그리고 음원 발매를 앞두고 꼭 해야 할 일, 방송국 심의 신청입니다.

그럼 지금부터 차례대로 시작해 볼까요?

디지털 레코드

소니뮤직

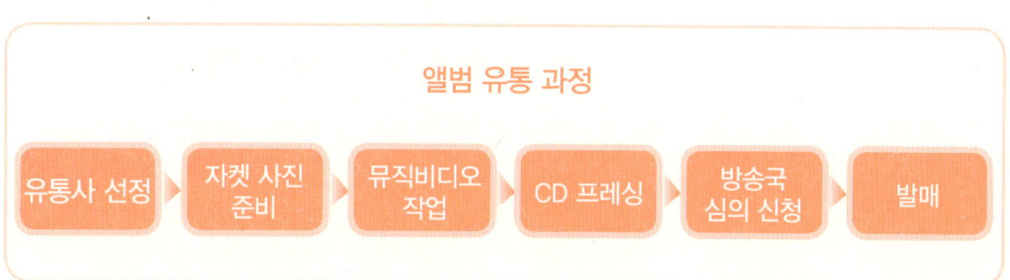

1) 유통사 선정

우선 음반 유통사가 하는 일은 무엇인지 살펴보겠습니다.

① 온라인 음원 사이트에 mp3 포맷의 음원 및 뮤직비디오를 배포합니다.

② CD를 제작해 판매할 때는 오프라인 매장에 유통을 대행합니다.

③ 온라인 음원 사이트를 통한 홍보 및 이벤트와 같은 부분을 협의하여 진

행합니다.

| 온라인 음원 사이트 | 오프라인 매장 | 이벤트 페이지 |

그럼 음반 유통사를 선정해 봅시다. 음원을 전부 완성한 후 선정해도 되겠지만, 원하는 발매 일자가 있다면, 최소 3개월 전에는 미리 유통사를 선정하고, 발매 일정을 정해두는 것이 좋습니다. 아무래도 대형 기획사나 유명 가수들의 유통 일정에 밀릴 수 있기 때문에, 미리 정해둔다면 원하는 일정에 발매할 수 있고, 그 일정에 맞춰 홍보를 기획할 수 있기 때문입니다. 관심 있는 유통사에 연락을 해본 후에 미팅을 하는 순서로 준비해 봅시다.

*국내 유통사 리스트는 부록의 표를 참조하기 바랍니다. (121p)

유통사 중 '한국음반산업협회'는 직접 유통을 할 수 있도록 도와주는 사단법인이므로, 이 협회를 통해 유통하는 것도 좋은 방법입니다. 또한 유통사마다 주로 유통하는 음악의 장르나 유형이 있으므로, 그런 부분을 잘 알아보며 준비하는 것이 좋습니다.

▶▶아이튠즈에 음원 유통하기

국내 음원 사이트 및 오프라인 유통은 보통 유통사를 정해두면 따로 신경 쓰지 않아도 유통이 되지만, 해외에도 유통을 하고자 한다면 '아이튠즈'에 유통하기를 권합니다. 아이튠즈는 애플에서 만든 프로그램으로, 방대한 음원을 판매 및 구매할 수 있습니다. 하지만 안타깝게도 국내에는 한국음악저작권협회 등과 협약이 맺어져 있지 않고, 아직 우리나라에서는 사업을 진행하고 있지 않기 때문에 다른 방법으로 유통을 해야 합니다.

외국의 유통 대행사들을 통하는 방법이 존재하긴 하지만, 미국 내 사업자 등록번호, UPC 코드, ISRC 코드 등을 직접 진행해야 하는 어려움이 따릅니다. 거기에 저작권 및 세금 관련된 다양한 인증 코드들이 필요한데, 이런 것

아이튠즈

들이 존재하지 않으면 신청이 불가능합니다. 최근에는 국내 유통사 몇 곳이 애플의 음악 배급을 대행하게 되어, 국내 뮤지션들은 음원과 커버 이미지만 준비하면 유통이 가능하게 되었습니다.

현재 국내에서 아이튠즈 유통이 가능한 업체는 '뮤직스프레이'(http://www.musicspray.net/)라는 곳입니다. 자세한 내용은 뮤직스프레이 홈페이지에 들어가면 상세히 소개가 되어 있으니 직접 확인해 보시기 바랍니다.

뮤직스프레이 홈페이지

(국내 일부 유통사들도 현재 아이튠즈 유통 서비스를 진행하는 곳이 있으니 따로 확인해 보시기 바랍니다.)

① 회원 가입 ➜ ② E-mail을 통한 안내 ➜ ③ 회원 가입비(99,000원) 입금 ➜
④ mp3 음원, 커버 이미지, 소개글, 아티스트 프로필 사진, 사업자등록증 사본 준비

아이튠즈는 아직 국내 음악저작권협회 및 실연자협회와 협약이 안 되어 있으므로, 저작권료 및 실연권료가 음원 판매 수익과 함께 정산되어 입금이 됩니다. 또한 분배 방식이 국내 유통사와는 다른 구조이므로 그 부분도 함께 확인해야 합니다.

▶▶음원 유통 시 체크해야 할 사항

음원 파일	MP3, 320kbps			
앨범 보도자료	앨범 소개서, 가사 자료			
앨범 자켓 이미지	jpg형식, 1500*1500(유통 업체에 따라 다를 수 있음)			
뮤직비디오 파일 형식	WMV파일	이미지	최소 640*480/ 최대 1920*1080	
		오디오	비트전송률 최소 5000, 최대 50000	
			오디오 샘플 크기 최소 16, 최대 32	
			채널 최소 2, 최대 2	
		비디오	오디오 샘플 속도 최소 44, 최대 48	
			데이터 속도 최소 5000, 최대 50000	
			비디오 샘플 크기 최소 24 / 최대 32	
	Full HD (고화질 서비스용)	구분	Full HD	HD
		영상 사이즈 (원본 비율 유지)	1920*1080	1280*720
		비트레이트	10Mbps	8Mbps
		영상 Codec	Advance Video Coding(H.264) 파일 확장자는 MP4, AVI	
		Fream rate	원본의 프레임 유지	
		용량	60~70MB/분	40~50MB/분

＊유통업체에 따라서 다를 수 있음

이창희(미러볼뮤직 대표)

국내 최대 인디 음악 유통사인 '미러볼뮤직'은 2007년 8월, 대한민국 인디 음악의 저변 확대를 목표로 시작했습니다. '붕가붕가레코드', '매직스트로베리사운드', '비트볼뮤직', '에반스' 등 1,700여 권리사와 계약을 체결하며, 인디 음악을 중심으로 대중가요, 영화·뮤지컬 OST, 재즈 등 다양한 장르의 음악을 배급하고 있습니다.

또한 유튜브와의 프리미엄 파트너쉽, 아이튠즈를 포함한 월드와이드 서비스, 미러볼뮤직 재팬을 통한 일본 내에서의 음원 및 모바일 서비스 등의 글로벌 유통 사업을 진행하고 있습니다.

앨범 유통 외에도 국내 인디 음반의 흐름을 보여주는 〈K-Indie Chart〉의 발행, 자체 기획 공연을 통해 전반적인 인디 문화 보급에도 힘쓰고 있습니다.

Q 미러볼뮤직은 인디 뮤지션의 음반 유통을 주로 하고 있는데요. 레이블인지, 유통사인지 혼동이 오기도 합니다. 실제로는 어떤가요?

A 미러볼뮤직은 유통사입니다. 사실 레이블도 함께 운영해 오다가 유통에 집중하고 있습니다. 대신에 자회사로 '디오션 뮤직'을 설립하여 레이블을 운영하고 있습니다.

Q 미러볼뮤직은 언제 설립이 되었나요?

A 미러볼뮤직은 2007년에 시작된 회사입니다. 그 당시 첫 유통한 음반이 '카바레 사운드'라는 레이블의 소속팀인 '오! 부라더스'의 싱글이었습니다. 사실 그 당시의 대표는 제가 아니었고, 저는 CJ에 있다가 나와서 2009년부터 운영을 해왔습니다. 그렇게 제가 이 곳에 와서 첫 번째로 발매한 앨범이 '브로콜리 너마저'의 앨범이었습니다.

Q 많은 뮤지션들이 음원 유통을 하고 싶어 하지만 방법을 모르는 경우가 많습니다. 미러볼뮤직에 유통을 하고 싶다면 어떻게 하면 될까요?

A 어렵진 않습니다. 저희는 미러볼뮤직의 홈페이지를 통해 상세히 유통 방법을 명시하고 있습니다. 그곳에 있는 사항들을 참고하여 첨부 파일들을 메일로 보내주시면, 일주일에 한 번, 전 직원이 모여 모니터링 후에 선별하여 유통을 결정하게 됩니다.

Q 그러면 일주일간 보통 몇 통의 문의 메일을 받나요?

A 적을 때는 20통에서 많을 때는 50통 정도의 메일을 받고 있어요. 그리고 회의를 통하여 그 중에 50~60% 정도의 음원을 유통합니다. 보통 원하는 출시 일정과 저희의 출시 일정이 맞지 않는 경우에는 함께 진행하기 힘든 경우가 있어서, 그럴 경우에는 자매 유통사들에게 연결도 하고 있습니다. 그래서 보통 한 달에 100~150 타이틀이 미러볼뮤직을 통해 출시가 됩니다.

Q 그렇다면 모니터링을 할 때, 중점적으로 보는 부분이 무엇인가요?

A 사실 미러볼뮤직은 인디 뮤지션들의 음반을 전문으로 유통하는 회사이기 때문에 인디 음악 특유의 느낌을 주요하게 보는 편이고, 라이브감 있는 음악을 선호합니다. 물론 기본적인 음악의 질이 바탕이 되어야 합니다.

Q 유통사 대표로서 1인 레이블에 대해서 어떻게 생각하는지 궁금합니다.

A 일단 제 생각은 '좋다'입니다. 물론 자신을 서포트해줄 좋은 회사를 만날 수 있다면 좋겠지만, 그렇게 언제 나타날지도 모를 회사를 기다리는 것보다, 본인들의 음악에 확신이 있다면 스스로 제작을 하며 알리는 방법도 좋다고 생각합니다. 예를 들면 '십센치'나 '몽니' 같은 팀들을 보면 모두 스스로 시작한 팀들이거든요. 물론 그러다가 후에 좋은 회사를 만난 팀들도 있지만, 분명히 큰 회사에 소속되어 있지 않아도 스스로 성공한 케이스입니다.
이미 회사-아티스트라는 종속 개념은 많이 깨지고 있습니다. 물론 그 개념이 필요한 부분도 있고, 긍정적인 측면도 있지만, 모든 아티스트가 그렇게 해야 한다는 법은 없다고 생각합니다.

Q 1인 레이블을 준비하고 있는 독자들에게 조언을 한다면?

A 무엇을 홍보할 것인지 잘 캐치하는 것이 중요합니다. 준비가 많이 필요하다는 것이죠. 사전 조사가 반드시 필요한데, 이 부분은 조금은 사업가적인 면모가 필요할 수 있습니다. 그래서 그 방향으로 재능이 부족하다고 생각하면 마케팅 및 경영 관련 서적을 보며 공부를 하는 것도 좋습니다. 그리고 내가 어떻게 나의 시장을 만들 것인가, 어떤 방법을 통해 알릴 것인가도 음악만큼 중요한 부분입니다. 좋은 음악을 만들어 놓고 알리지 못한다면 굉장히 손해입니다. 하지만 결국 제일 중요한 것은 '음악'입니다.

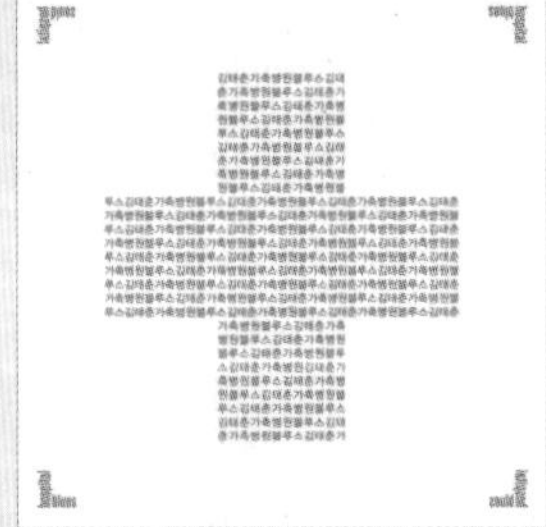

이세훈(소니뮤직 차장)

'소니뮤직엔터테인먼트코리아'는 세계 최대 규모 음반사인 Sony Music Entertainment의 현지 법인입니다. 세계적인 아티스트와 다양한 음악 카탈로그를 보유하고 있으며, 이를 통한 뮤직 비즈니스로 국내 음악 산업 발전에 큰 기여를 하고 있습니다. 뿐만 아니라 검정치마, 크레용팝, 배치기, 와썹 등 국내 아티스트와의 전속 계약을 통해 국내 가요의 발전과 세계화에도 노력하고 있습니다.

또한 소니뮤직엔터테인먼트는 전 세계 50여 개국에 지사를 갖춘 세계적인 대형 음반 회사로, 음악 콘텐츠 기획 및 제작 사업, 온·오프라인 유통 사업 등을 하고 있습니다. 대표 아티스트로는 마이클 잭슨, 비욘세, 브리트니 스피어스, 에이브릴 라빈, 어셔, 엘리샤 키스, 엘비스 프레슬리, 산타나, 존 레전드, 랑랑, 요요마 등이 있습니다.

Q 양복 입은 모습을 상상했는데, 랩퍼의 느낌이네요.

A 아, 그런가요? 사실 1세대 언더 랩퍼 출신이긴 합니다.

Q 간단하게 소니뮤직이 어떤 회사인지 소개해 주세요. 유통만 하는지, 레이블로서도 운영되는지 궁금합니다.

A 일단 소니뮤직은 해외 직배사로, '비욘세', '마이클 잭슨'의 음반을 유통하고 있습니다. 아시다시피 전 세계에 지사가 있는 대형 직배사라고 할 수 있습니다. 한국에서도 유통만 하는 것은 아니고 제작 지원도 하고 있습니다. '배치기', '크레용팝', '와썹' 등과 연결되어 있고, 유통사이지만 투자자로서, 레이블로서 유통과 홍보도 대행하고 있으나, 현재는 조금 축소되어 있습니다. '검정치마', '좋아서 하는 밴드' 등 인디 뮤지션의 지원도 계속해서 하고 있습니다.

Q 소니뮤직에 음원을 유통하려면 어떻게 해야 하나요?

A 방법은 어렵지 않습니다. 홈페이지나 대표 전화로 전화로 문의해도 되고, 이메일로 요청해도 가능합니다. 하지만 문의 받은 아티스트를 모두 유통하기는 좀 어려운 측면이 있습니다. 때문에 다양한 요소를 모니터한 뒤에 유통을 결정합니다.

소니뮤직이 특정 장르를 유통한다고 생각할 수 있는데, 의외로 다양한 장르를 하고 있습니다. 마이클 잭슨의 음반도 유통하지만, 크레용팝과 같은 대중가요도 하고 있습니다. 또 인디 음악도 다루고 있습니다. 안타깝게도 인디 음악 유통은 현재는 좀 줄었지만요. 음반을 냈을 때 수익을 얼마나 낼 수 있을지를 잘 생각해 보고, 그 부분을 함께 어필하면 좋습니다.

Q 위의 질문의 연장선이긴 한데, 소니뮤직의 유통 구조는 어떻게 되나요?

A 온라인 유통은 다른 유통사들과 거의 비슷합니다. 오프라인은 외부 유통사와 따로 의뢰하여 진행하고요. 소니뮤직의 장점이라면 홍보나 유통 시스템이 투명하고 효과적이며, 전 세계에 지사가 있기 때문에 전 세계에 아이튠즈로 발매를 할 수 있다는 것입니다. 하지만 일본은 제외입니다.

Q 소니뮤직에서 선호하는 음악 장르가 있나요?

A 좀 포괄적이긴 하지만, 선호하는 장르가 있다기 보다는 어떤 장르가 되었든 좋은 음악을 원합니다.

Q 1인 레이블에 대해서 어떻게 생각하나요?

A 저는 일단 긍정적으로 생각합니다. 제가 랩퍼 출신이라 그런지 크루를 만들어도 좋다고 생각하는데, 각자의 재능을 살려 서로 돕는다면 비용을 많이 절약할 수 있습니다. 하지만 앨범을 내는 데 그치는 게 많이 아쉽습니다. 사실 뮤지션은 계속 배출되지만 활동하는 사람은 극히 소수이죠. 누가 불러주기 전에 스스로 움직이는 것이 중요합니다. 물론 실력은 당연히 뒷받침되어 있어야 합니다.

요즘에는 유튜브 등과 같은 SNS 등이 활성화되어 있기 때문에 잘만 활용하면 효과는 그 이상이 될 수 있습니다. 뮤지션 스스로가 직접 다양한 영상 콘텐츠를 만들 수도 있으므로, 오히려 예전보다 활동할 수 있는 바운더리가 넓어졌죠.

요즘에 인디 뮤지션들은 주로 싱글을 내는데, 오히려 싱글은 돈 많은 회사에서 내야 한다고 생각합니다. 적어도 5~6곡은 들어봐야 아티스트를 알 수 있으니, 한두 곡으로는 아티스트를 평가하기가 힘들거든요. 무명 뮤지션이 EP나 정규 앨범 정도 되면 앨범이 회자되는 경우가 있으니까요.

또 학교에서 뮤직 A&R을 배출할 수 있는 시스템이 필요하고, 그런 수업도 필요하다고 생각합니다. 1인 레이블이 되어서 졸업하게 되는 시스템이 필요합니다. 점점 인디가 나갈 수 있는 미디어가 줄어들고 있습니다. 한동안 인디 음악이 관심을 받았지만, 다시 통로가 많이 줄어들어 새로운 출구를 찾아야 합니다. 새로운 인디 스타가 나와서 세일즈를 이끌었으면 좋겠습니다.

Q 그렇다면 1인 레이블을 준비하고 있는 독자들에게 조언을 한다면?

A '버티는 자가 이긴다'라는 말을 해주고 싶네요. 그리고 버티기 위해서는 각자 돈을 벌 수 있는 다른 일을 하나씩 찾는 것도 좋습니다. 열정만 가지고는 힘들기 때문입니다. 그리고 할 게 없어서 음악을 하는 것은 아니었으면 좋겠습니다. 또 좋아하는 것보다 잘하는 것을 찾았으면 좋겠고요.

2) 자켓 사진 준비

　앨범의 이미지를 결정할 자켓 작업은 상당히 중요한 작업 중 하나입니다. 온라인 음원 사이트에서 보여지는 이미지를 썸네일이라고 하는데, 인지도가 높지 않은 뮤지션은 썸네일에 따라서 클릭 횟수를 높여줄 수 있기 때문에 센스 있는 자켓 작업이 필요합니다.

　자켓 사진은 뮤지션의 사진을 사용하기도 하지만, 요즘에는 전문적으로 자켓 디자인을 하는 디자인 업체에 의뢰를 하는 경우가 많습니다. 인물 사진보다 기발하고도 고급스러운 느낌의 자켓을 제작하여, 더 좋은 반응을 얻는 경우도 많습니다. 유명 뮤지션이 아니라면 자켓에 아이디어 넘치는 디자인의 썸네일을 제작하는 편이 더 좋은 효과를 기대할 수 있습니다.

　음원만 유통한다면 온라인상에 노출할 썸네일만 만들면 되지만, CD를 함께 유통할 것이라면 CD 제작 포맷에 맞는 자켓 작업을 함께 해야 합니다. 최소 4페이지부터, 곡 수가 늘어나면 내지의 지면 역시 늘어나고, 이미지 사이즈부터 인쇄될 컬러까지 고려해야 하므로, 이 부분은 전문 디자이너에게 의뢰하는 것이 좋은 결과를 기대할 수 있겠습니다. 포토샵이나 일러스트를 잘 다룬다면 직접 도전해봐도 좋습니다.

포토샵

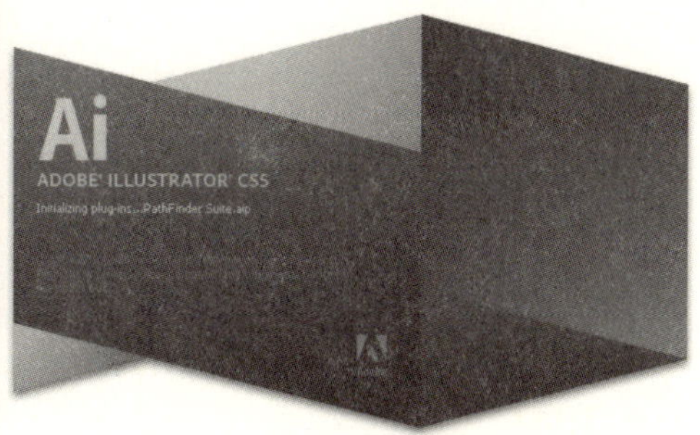

일러스트

＊자켓 작업을 전문으로 하는 업체 및 디자이너는 부록을 참조하기 바랍니다.(122p)

3) 뮤직비디오 작업

사실 뮤직비디오는 선택의 문제이긴 하지만, 뮤직비디오를 제작한다면 아무래도 홍보에 많은 도움이 된답니다.

요즘엔 특히 페이스북, 유튜브, 트위터와 같은 SNS를 통한 홍보나 마케팅이 중요하기 때문에 음원으로만 홍보하기에는 제한적인 부분도 있고, 곡을 알리기 위한 효과가 많이 떨어진답니다.

하지만 실질적으로 고민이 되는 부분은 아마도 비용 문제일 듯합니다. 이 책을 보실 대부분의 독자 분들은, '나는 음원 제작까진 할 수 있다. 하지만 유통 과정 및 앨범 준비 과정 등이 궁금하다' 하는 분들일 것이라고 생각됩니다. 그런데 뮤직비디오 제작이 무슨 이야기인가 궁금할 것입니다.

한참 가요계에 억대 비용의 뮤직비디오가 유행이던 시절도 있었고, 왠지 뮤직비디오라 하면 돈을 들여야 할 듯싶을 것입니다. 하지만 요즘에는 다양한 아이디어와 센스만 있다면 큰 비용 없이도 얼마든지 뮤직비디오를 제작할 수 있답니다. 최근 출시된 스마트폰들의 동영상 촬영 기능도 매우 정교해졌고, 촬영된 영상을 편집할 수 있는 앱들도 굉장히 훌륭합니다.

그런 분위기를 반영하듯, 요즘엔 '스마트폰으로 영화 찍기' 같은 주제의 책들도 많이 출판되고 있으니, 뮤직비디오 제작이 더 이상 전문가의 영역은 아니라는 것을 알 수 있습니다. 지난 2014년 3월에 발매된 '브로(Bro)'의 〈그런 남자〉라는 싱글은 핸드폰 메신저 대화를 소재로 뮤직비디오를 만들어 SNS 상에 엄청난 이슈가 되었습니다. 재치 있는 가사와 센스 있는 아이디어로 음원 차트를 휩쓸었습니다.

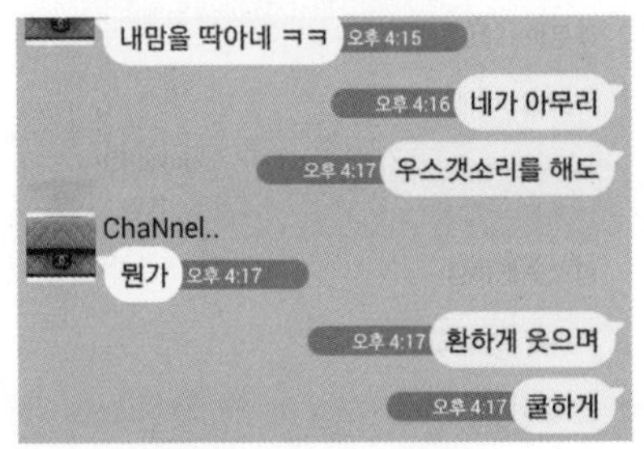

'브로(Bro)'의 〈그런 남자〉 뮤직비디오 중

영상 편집 프로그램인 '베가스', '프리미어' 같은 프로그램을 배우면 좀 더 퀄리티 있는 영상도 제작할 수 있습니다.

제작 업체에 의뢰하는 경우는 비용이 천차만별일 것입니다. 그래서 일괄적인 가격을 안내하기는 어렵습니다. 뮤직비디오 콘셉트에 따라서 세트의 유무 및 스텝의 인원 및 일당, 촬영 일수 등 변수가 매우 크기 때문에 그 부분에 있

베가스	프리미어

어서는 많은 업체와 미팅 후 결정할 것을 권합니다.

*뮤직비디오 제작 업체는 부록의 표를 참조하기 바랍니다.(123p)

4) CD 제작

CD는 소규모 개인 음원 발매의 경우에는 제작을 하지 않는 경우가 많지만, 홍보용으로 혹은 소장용으로 제작하는 경우도 많고, EP 정도 규모 이상의 앨범은 제작하는 경우가 많습니다.

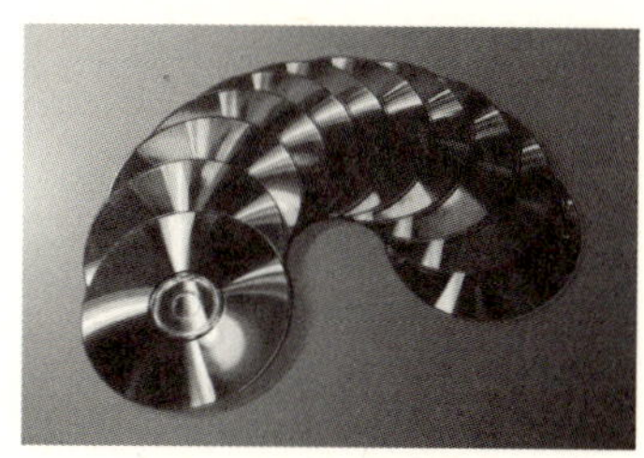

CD 제작 방식에는 프레싱 방식과 레코딩 방식이 있는데, 프레싱 방식은 일반적인 상업용 음반 제작하는 방식이며, 레코딩 방식은 CD용 프린터로 표면 인쇄를 하는 방식으로, 보통 500장 미만의 소량의 CD 제작 시에 사용되는 방식입니다.

프레싱 방식 (대량 제작)	원본 역할을 하는 스탬퍼를 우선 제작한 후, 도장 찍듯이 찍어내는 방식이므로 대량 제작도 빠르게 진행할 수 있다. 일반적으로 CD 라이터기 내부에 있는 레이저 광선을 이용하여 일정한 신호로 태우며 기록한다. 24배속으로 700MB 분량을 레코딩하는 데 약 3분 정도 걸리므로 몇 백, 몇 천 단위의 CD를 레코딩해야 할 경우에는 엄청난 시간이 소비된다. 따라서 CD에 레코딩해서 만들어진 CD 면을 그대로 동판에 새겨서 스탬퍼를 만들고, 그것을 이용하여 CD를 구성하는 플라스틱을 프레스 사이에 넣어 스탬퍼를 부착한 프레스로 압축하여 찍어낸다.
레코딩 방식 (소량 제작)	일반적으로 PC에서 CD를 굽는 방식과 동일하다. 다만 업체에서 레코딩을 할 때는 대량 복사 장치를 이용하여 한꺼번에 5~10장씩 레코딩한다. 작업 속도와 인건비를 고려할 때 500장 이하의 소량 생산에만 사용하며, 500장 이상의 대량 생산 시에는 대부분 프레싱 방식으로 제작한다.

그러므로 CD를 제작하려면 프레싱 방식으로 제작해야 하는데, 프레싱 방식은 500장 이상 제작할 경우에 가능합니다. CD를 제작할 때는 디지털 음원 발매를 준비할 때와는 달리, CD 케이스에 들어갈 속지를 디자인하고 제작해야 하는데, 이 부분은 위에 제시한 앨범 제작 업체 등에 의뢰하면 됩니다.

속지는 최소 4페이지이며, 곡 수가 많아지면 페이지 수와 그에 따른 비용 역시 추가되므로, 견적을 여러 곳에서 받아보고 결정하는 것이 좋습니다.

CD 케이스도 역시 다양한 디자인이 있습니다. 우리가 일반적으로 사용하는 케이스인 주얼 케이스부터, 여러 장의 CD가 들어가는 멀티 케이스, 곡 수가 적고 속지가 적게 들어갈 경우에 선택하는 슬림 케이스, 다양한 디자인의 종이 케이스까지, 여러 선택이 가능하므로 제작하는 앨범의 규모 및 목적에 맞게 선택합니다.

*CD 제작 업체는 부록의 표를 참고하기 바랍니다. (124p)

5) 방송국 심의 신청

이렇게 음원 유통 및 발매 준비를 모두 마쳤다면 슬슬 홍보에 대한 준비를 해야 합니다. 방송국 심의 신청은 본격적으로 홍보를 하기 전에 반드시 해야 할 일이므로, 유통하기 단계에서 설명하고자 합니다. 이 단계는 어떻게 보면 유통하기와 홍보하기의 중간에 걸려있는 단계라고 볼 수 있겠습니다.

가수들이 앨범을 내면, 방송 활동을 시작합니다. 물론 인디 뮤지션들에게는 힘든 일이긴 하지만, 그래도 혹시 모르는 일이지요. 공중파 TV 방송은 어려울 수 있어도, 라디오 신청곡으로 신청을 열심히 하면 라디오에서 음악이 나올 수도 있습니다. 하지만 심의 신청을 하지 않으면, 수 백 번 신청곡으로 요청을 한다고 해도 방송이 될 수 없습니다. 아무리 친한 라디오 PD가 있다고 해도 절대 방송을 할 수가 없습니다. 그 이유는 방송사별로 심의 규정이 있고, 그 심의를 통과한 음반만 방송을 할 수 있기 때문입니다.

그렇기 때문에 음원 발매 날짜를 잡아놓았다면, 발매 약 2주 전에 각 방송국에 심의 신청을 해야 통과하지 못한 부분을 수정할 수 있을 것이며, 수정 사항을 다시 심의 요청하여 통과해야 발매 후 홍보 일정에 지장이 없습니다.

보통 심의의 기준이 되는 것은 노래 가사이며, 뮤직비디오가 있다면 뮤직비디오의 내용이 기준이 될 수 있습니다. 어떤 경우에는 음원은 통과되었으나, 뮤직비디오가 너무 선정적이거나 폭력적인 영상을 담고 있어 통과되지 못하는 경우가 발생하기도 합니다.

큰 제작비를 들여 제작한 경우에는 손해가 클 수 있습니다. 보통 뮤직비디오는 음악 전문 방송이나, 주요 지상파 방송에서 방송을 하도록 하여 홍보 효과를 내려는 경우인데, 심의에 통과하지 못하여 방송이 되지 못한다면 손해를 입게 되기 때문입니다. 그렇기 때문에 심의 규정을 고려하여 제작해야 하며, 심의에 통과하지 못했을 경우에는 재편집을 한 후에 다시 요청해야 합니다.

일반적으로 심의를 요청하는 방송사는 공중파 3사 및 CBS 정도이며, 상황에 따라 마포FM, 교통방송 등과 같은 방송사에 요청하기도 합니다.

심의 신청 방법은 디지털 음원인지 CD를 발매한 앨범인지, 뮤직비디오가 있느냐 없느냐에 따라 다릅니다. 디지털 음원의 경우에는 따로 CD를 찍지 않기 때문에, 공 CD를 구입하여 직접 구워서 제출해야 합니다.

다음은 각 방송사별 심의 신청 방법입니다. (2014년 9월 기준)

① MBC

CD 3장을 준비하여 상암동 MBC로 방문합니다. (서울특별시 마포구 성암로 267-6호선 디지털 미디어시티역) 안내 데스크에서 출입증을 받아 미디어실을 방문, 컴퓨터로 심의 접수를 하면 됩니다. 결과는 추후 확인합니다.

방문 시 심의 신청 방법	1. 안내 데스크에서 출입증 발급 2. 미디어실 방문하여 컴퓨터로 심의 접수 3. CD 3장을 함께 접수 4. 결과 추후 확인

② KBS

KBS는 방송국에서 신청하지 않고, 한국음반산업협회에서 신청해야 합니다. 방문 전에 한국음반산업협회(http://review.riak.or.kr/) 홈페이지에서 회원 가입을 먼저 해야 합니다.

KBS는 MBC와 도보 10분 거리이므로 한 코스로 방문하면 편리합니다. (서울특별시 마포구 상암동 1592 The PAN 7층-6호선 디지털 미디어시티역)

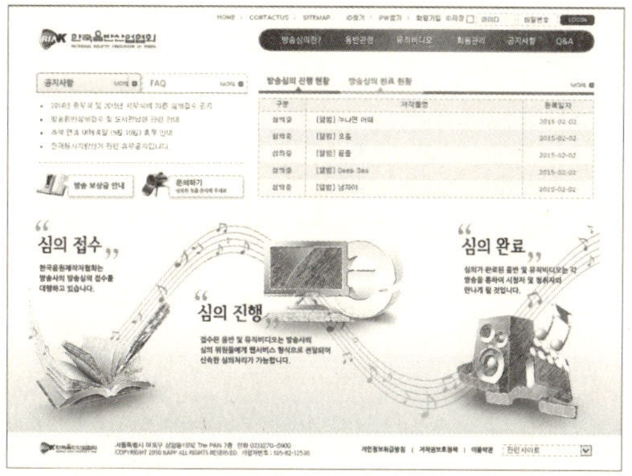

한국음반산업협회 홈페이지

<table>
<tr><td rowspan="4">방문 시
심의 신청 방법</td><td>1. 홈페이지 가입 여부 확인</td></tr>
<tr><td>2. 디지털 싱글 발매 확인서 및 정보에 대한 서류 작성</td></tr>
<tr><td>3. CD 3장과 가사 데이터 CD 제출</td></tr>
<tr><td>4. 홈페이지에서 심의 여부 확인</td></tr>
</table>

③ SBS

CD 1장과 USB에 가사 데이터를 저장하여 SBS를 방문합니다.(서울특별시 양천구 목동서로 161 SBS 방송센터-5호선 오목교역)

<table>
<tr><td rowspan="5">방문 시
심의 신청 방법</td><td>1. SBS 로비에서 출입증 받기</td></tr>
<tr><td>2. 9층으로 이동</td></tr>
<tr><td>3. 9층에 들어서자마자 왼쪽에 있는 컴퓨터에 심의 내용 입력</td></tr>
<tr><td>4. 입력 후, 오른쪽에 있는 사무실에 CD 1장을 제출</td></tr>
<tr><td>5. 문자로 심의 결과 확인</td></tr>
</table>

④ CBS

CBS는 SBS와 마주보고 있어서 SBS와 함께 방문하면 좋습니다.(서울특별시

<table>
<tr><td rowspan="4">방문 시
심의 신청 방법</td><td>1. 1층에서 출입증 받기</td></tr>
<tr><td>2. 2층 심의실로 이동</td></tr>
<tr><td>3. 심의실 컴퓨터에 심의 내용을 입력</td></tr>
<tr><td>4. CD 1장, 가사 CD, 가사 프린트 제출</td></tr>
</table>

보통 이렇게 4군데를 돌며 심의 신청을 하고, 본인이 원하는 방송사가 있다면 따로 문의 후에 신청하면 됩니다. 4개의 방송국 이외의 방송국들은 심의 절차가 간단하거나 없는 곳도 많습니다.

준비할 CD와 자료들은 만약의 상황에 대비하여 좀 더 철저히 준비해가는 것이 좋습니다. 그런데 이렇게 일일이 돌아다니려면 너무 힘들겠죠? 시간이 없다면 심의 신청 대행 업체를 통해 대리 접수할 수 있습니다. 비용은 보통 방송 3사＋CBS＝5만 원, 나머지 6개 방송사＝5만 원 정도인데, 업체별로 가격도 다르고 방송 3사＋CBS 외의 방송사는 조금씩 차이가 있으니 잘 알아보길 바랍니다. 심의 신청 대행 업체는 따로 등록이 되어 있지는 않고, 포털 사이트에서 검색을 하면 관련 블로그 등을 찾을 수 있으니 참고하세요.

6) 제이써니의 EP 앨범 제작기 – 음원 유통

지금까지 음원 유통 과정을 살펴봤으니, 지금부터는 제이써니 EP 앨범의 유통 과정을 함께 살펴보도록 하겠습니다.

① 유통사 선정

수많은 유통사 중 업체를 결정했다면 실행에 옮깁니다. 저는 몇몇 유통사

들과의 미팅 끝에 인터뷰를 진행했던 '미러볼뮤직'(www.mirrorballmusic.co.kr)
과 진행을 하게 되었습니다. 지금부터 미러볼뮤직의 유통 신청 과정을 살펴보
도록 하겠습니다.

미러볼뮤직의 유통 신청 방법

미러볼뮤직 홈페이지의 '유통 문의'를 클릭합니다. 메인 화면 센터에는 유
통을 담당하고 있는 아티스트들의 뮤직비디오를 시청할 수 있도록 해두었군
요. 미러볼뮤직은 음반·음원 유통 문의는 일괄적으로 이메일로 받고 있습
니다.

준비해야 할 5가지 사항을 잘 정리해서 메일(mirrorballmusickorea@gmail.
com)로 보낸 후 연락을 기다리면 됩니다. 저도 위와 같은 과정을 통해 유통을
의뢰했습니다.

그리고 인터뷰를 했던 소니뮤직(http://www.sonymusic.co.kr)은, 홈페이지

의 '회사 안내'라는 창을 클릭하면 유통 문의를 할 수 있는 이메일 주소와 전화번호, 팩스 번호를 확인할 수 있습니다.

자, 그럼 다음 단계로 넘어가 볼까요?

② 자켓 사진 준비

지금까지 제이써니의 싱글 음반들은 모두 아티스트의 사진이 아니었는데요. 이번 EP 앨범은 아티스트의 사진을 바탕으로 만들어 보려고 합니다. 저는 촬영 후 원본 파일을 가지고 앨범 커버 디자인은 직접 해보기로 했습니다. 받은 사진과 앨범 콘셉트에 잘 맞는 사진을 골라 포토샵으로 작업을 시작했습니다. 앨범의 제목이 〈My Trip〉이고, 발랄한 느낌에 맞는 사진을 선택했습니다. 이제 유통사에 보낼 사이즈에 맞춰 자켓 작업을 해보도록 하겠습니다.

포토샵을 이용한 자켓 작업

위와 같이 포토샵 작업을 끝냈습니다.

CD의 속지는, 5곡이 가사가 있으므로 총 8페이지를 만들어야 합니다. 다음은 제가 CD 속지를 제작한 과정입니다. CD 제작 업체마다 일러스트 파일로 폼을 제공합니다. 저도 제작 의뢰 업체의 8페이지짜리 폼을 다운 받아 작업을 해봤습니다.

속지 폼

이렇게 일단 CD 프레싱을 맡기기 전에 해야 할 이미지 작업을 마무리해 두었습니다.

③ 뮤직비디오 제작

저는 뮤직비디오를 타이틀 곡만, 직접 제작했습니다. 다행히 저는 베가스를 중급 정도는 다룰 수 있고, 캠코더를 가지고 있었습니다.

그렇게 저만의 아이디어를 가지고 베가스를 사용하여 뮤직비디오를 제작했습니다. 타이틀 곡의 뮤직비디오는 여행이 콘셉트인 만큼, 제가 여행을 다니며 찍어둔 사진과 영상들을 편집하여 만들었습니다.

베가스를 사용하여 편집할 때, 베가스에 음악 파일을 불러와, 각종 사진 및 영상들을 취합하여 편집을 합니다. 이렇게 작업이 완성된 뮤직비디오는 유통사에 보내기 위해 정해진 포맷에 맞춰 랜더링하여 준비합니다.

베가스

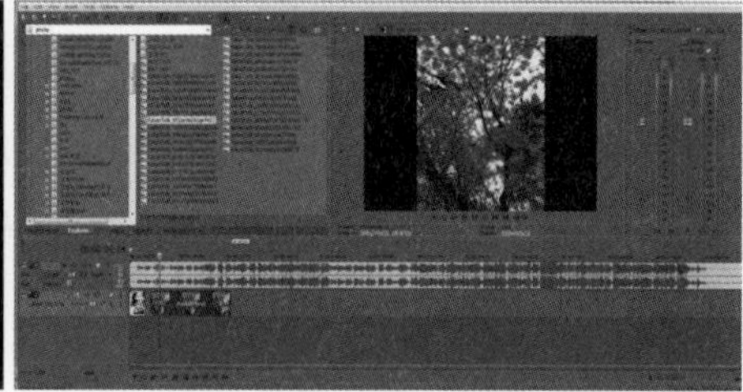
베가스를 이용한 영상 편집

④ CD 제작

저는 그동안 세 장의 싱글 발매를 하면서 한 번도 CD를 제작해본 적이 없습니다. 소량으로 음반 심의 신청용 가내수공업 CD만 만들어 봤는데, 이번에는 5곡을 실은 EP 앨범이고, 0.5집이라는 의미가 있으므로 CD를 제작해 보기로 했습니다.

앞서 설명했지만, 우리가 구입해서 듣는 CD 형태의 제작은 프레싱 방식인데, 이 방식으로 제작을 하려면 최소 500장 이상을 찍어야 합니다. 저는 오프라인 유통까지 계획하여 1,000장을 찍어보려고 합니다. 자신의 앨범의 성격에 맞는 CD 제작 업체를 선정하도록 합니다.

CD를 찍기 전에 해야 할 일이 하나 더 있는데, CD를 홍보 목적 이외의 판매 목적으로 발매를 할 때는 반드시 한국음악저작권협회에서 인지를 발행 받아야 합니다. 인지 스티커를 CD에 부착해야만 유통이 가능합니다. 인지를 발행 받지 못하면, 불법 복제물이 되는 것입니다.

다음은 한국음악저작권협회에서 안내하는 판매용 CD 제작의 경우 사용 신청 방법과 절차 승인에 대한 안내입니다.

한국음악저작권협회의 판매용 CD 제작 사용 신청 방법 및 절차 승인 과정

한국음악저작권협회 홈페이지에 접속 후,
민원실 안내 ➜ 승인 신청 ➜ 녹음 사용 신청서를 다운로드(사용자) ➜ 작성(사용자) ➜
팩스 접수 또는 내방 접수(사용자) ➜ 관리곡 식별 및 작품 검색(협회) ➜ 사용료 통보(협회)
➜ 사용료 입금(사용자) ➜ 사용료 입금 확인(협회) ➜ 결재(협회) ➜ 증지 및 승인서 발급
(협회) ➜ 승인 완료
의 단계로 이루어지며, 승인 기간은 보통 사용 신청서 접수 후 3일 이내 처리됨(사안에 따
라 3일 이상 경과될 수도 있음)

앨범 커버 외에 CD에 들러갈 속지도 신청합니다. 이번 EP 앨범에는 5곡, 전곡 모두 가사가 들어가므로, 8p 속지를 신청하기로 했습니다. 이미 속지를 만들어 두었기 때문에 만들어둔 파일을 함께 업로드하도록 하겠습니다.

⑤ 심의 신청

심의 신청 방법은 이미 앞에서 상세히 설명했기 때문에 그 부분을 참고하기 바랍니다.(78p)

이제 유통 및 발매 준비가 모두 끝났습니다. 하지만 이게 끝이 아니죠? 다음 단계가 남았습니다. 바로 '홍보'입니다. 그럼 다음 단계로 넘어가 볼까요?

1인 레이블 가이드북

PART 04

앨범 홍보 과정

앨범 홍보 과정

1) 보도자료 배포

자, 앨범이 나올 날이 정해졌으니 이제 세상에 앨범이 나온다는 걸 알려야 겠죠?

그럼 어떻게 알려야 하느냐? 첫 번째 단계는 바로 보도자료를 통해 알리는 방법이 있습니다. 아마 이런 생각을 하실 겁니다. '그건 친한 기자가 있어야 가능한 것 아닌가요?'라고요. 하지만 꼭 친한 기자가 없어도 가능하답니다. 기사를 직접 작성하여 보도자료 배포하는 곳에 요청을 하면 바로 다음 날 기사가 각종 포털 및 언론사에 배포됩니다. 물론 비용은 들어가지만, 앨범을 홍보한다고 생각하면 그렇게 부담되는 비용은 아닙니다.

보도자료를 배포하는 곳은 여러 곳이 있으니, 비용과 서비스의 내용 등을 확인하여 선택하도록 합니다. 당장 검색창에 '보도자료'라고 검색을 하기만 해도 엄청난 업체 정보가 쏟아질 것입니다. 다음은 한 보도자료 배포 업체의 서비스 안내 화면입니다.

■ 서비스 구성

제공서비스	베이직	프리미엄	베스트	다다익선
보도자료 작성	현직 기자가 작성	현직 기자가 작성	현직 기자가 작성	현직 기자가 작성
보도자료 배포	150개 언론매체 및 3,000명 이상의 기자에게 보도자료 배포			
서비스 조건	언론사 4곳 이상 베이직 4곳	언론사 6곳 이상 프리미엄 2곳 베이직 4곳	언론사 9곳 이상 베스트 2곳 프리미엄 3곳 베이직 4곳	언론사 12곳 이상 다다익선 2곳 베스트 2곳 프리미엄 3곳 베이직 5곳
언론사 그룹	연합뉴스 뉴스와이어 뉴시스와이어 시사코리아 투데이코리아 기업경제신문 뉴스포스트 민주일보	이데일리 CBS노컷뉴스 TV리포트 이뉴스투데이 폴리뉴스 프라임경제 이버즈 아이뉴스24	한국경제TV 세계일보 국민일보 서울신문 머니투데이 헤럴드경제 뉴시스 전자신문	조선일보 중앙일보 동아일보 한국일보 한국경제 매일경제 한겨레신문 경향신문
핵심 키워드 삽입	5개 핵심 키워드	5개 핵심 키워드	5개 핵심 키워드	5개 핵심 키워드
블로그 마케팅	블로그 4곳 포스팅	블로그 6곳 포스팅	블로그 9곳 포스팅	블로그 12곳 포스팅
모바일 기사노출	모바일 노출 가능	모바일 노출 가능	모바일 노출 가능	모바일 노출 가능
기사노출 가능포털	NAVER 네이버　다음　네이트　구글　줌　조인스MSN　드림위즈　천리안　드림엑스　코리아닷컴			
저작권 해결	뉴스캐스트를 통해 기사화된 뉴스는 저작권 분쟁에 대한 염려없이 안심하고 활용할 수 있습니다. (다른 뉴스를 무단 사용하면 저작권법 97조에 의해 처벌을 받을 수 있습니다.)			
결과보고	결과보고서 제공	결과보고서 제공	결과보고서 제공	결과보고서 제공
서비스비용 (VAT 별도)	50만원 ($476)	70만원 ($666)	100만원 ($951)	130만원 ($1,237)

※ 기자의 방문취재 및 사진촬영을 원하시는 경우, 별도 문의해 주시기 바랍니다. 자세히 보기

*보도자료 배포 업체는 부록의 표를 참조하기 바랍니다.(125p)

2) 방송

① TV

사실 제일 효과적이고 좋은 방법은 TV에 출연하여 직접 음악을 홍보하는 것이겠죠? 하지만 어느 정도 인지도가 있는 뮤지션이 아니면 거의 불가능하다고 봐야 됩니다. 인지도가 있는 뮤지션들도 매니저의 역량에 따라서 방송 활동을 활발하게 하는 경우도 있고, 그렇지 못한 경우도 있습니다. 그러므로 1인 레이블을 준비하는 분들은 일단 TV 출연은 살짝 접어두는 것이 좋겠습니

다. 시도할수록 상처만 받을 수 있기 때문입니다.

인디 뮤지션, 혹은 아이돌이 아닌 뮤지션들이 TV에 출연하는 경우는 일단 오랜 기간 음악 활동을 해오며 두터운 팬층을 가지고 있으며, 음악적으로 인정받는 경우이거나, 이슈가 될 만한 부분이 있어서, 방송국에서 섭외가 들어오거나 하는 경우입니다.

예를 들면, 유희열 씨 같은 경우는 'Toy'라는 프로젝트팀으로 계속해서 음반 활동을 하면서 인지도를 쌓아갔고, 두터운 팬 층이 생기면서 방송사에서 섭외가 들어와서 방송 활동을 하게 된 케이스입니다. '십센치'라는 인디 밴드가 〈아메리카노〉라는 재미있는 노래로 이슈를 일으키며 한순간에 섭외 1순위로 올라선 경우도 있습니다. 특히 십센치는 MBC 〈무한도전〉이라는 예능 프로그램에 출연하게 되며 더욱 인지도를 높였습니다.

음악 관련 프로그램은 방송사별로 아래와 같이 존재하고 있습니다.(2014년 9월 기준)

방송사명	편성 음악 프로그램
MBC	쇼! 음악중심
SBS	인기가요
KBS	뮤직뱅크 / 유희열의 스케치북 / 이한철의 올댓뮤직 / 글로벌 리퀘스트 쇼 어송포유 시즌 3
Mnet	엠카운트다운 / Live on M GIGS
EBS	스페이스 공감

〈인기가요〉, 〈음악중심〉, 〈엠카운트다운〉, 〈뮤직캠프〉와 같은 프로그램은 아이돌 위주의 편성이 많아서 인디 뮤지션이 출연을 하기에는 힘든 부분이 있

습니다. 하지만 유희열의 〈스케치북〉, 이한철의 〈올댓뮤직〉, 〈스페이스 공감〉
과 같은 프로그램들은 음악성 있는 뮤지션 위주의 섭외가 많으며, 〈스페이스
공감〉 같은 경우에는 출연 신청을 받기도 하여, 라이브가 탄탄한 뮤지션이라
면 신청하여 출연해보는 것도 좋습니다.

1인 레이블을 준비하는 분들은 대부분 인디 뮤지션일 것이라고 생각되어
EBS 〈스페이스 공감〉에서 매달 진행 중인 '헬로루키'라는 제도를 소개하고자
합니다. 매달 홈페이지에서 헬로루키
를 뽑고 있답니다. '국카스텐', '장기하
와 얼굴들', '데이브레이크', '게이트 플
라워즈' 같은 뮤지션들이 모두 헬로루키
출신이라고 합니다. 지상파 방송 3사의
음악 프로는 피디랑 직접적인 친분 관
계가 있지 않은 이상 출연이 힘들지만,
헬로루키는 스스로 할 수 있는 TV 출연
방법입니다. 준비가 되었다면 신청해
보세요!

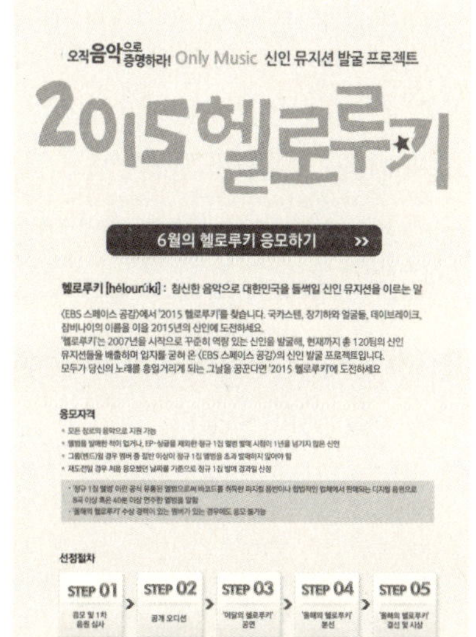

② 라디오

방송 매체에는 TV도 있지만, 라디오도 있습니다. 물론 요즘에는 스마트폰으로 음악을 듣는 경우가 많아서 라디오를 듣는 사람들이 예전만큼 많지는 않지만, 운전을 자주 하는 분들이나 특정 방송을 찾아 듣는 분들은 여전히 라디오를 많이 듣고 있답니다. 저도 운전을 많이 하는 편이라서 라디오를 즐겨 듣는 편입니다.

사실 라디오에 게스트나 패널로 출연하는 것도 TV 출연과 마찬가지로 어느 정도 커넥션이 있어야 가능하겠지만, 라디오 방송 신청곡 코너에 열심히 신청곡을 올리면 틀어주는 경우가 종종 있습니다. 어떤 경우에는 신청곡으로 올리지 않았지만, 심의 신청이 들어온 곡들 중에 라디오 PD들이 선곡하여 틀어주는 경우도 있습니다. 저도 2012년에 낸 싱글 〈Summer Dream〉의 심의 신청을 하고, 약 1~2주간은 따로 신청곡으로 신청하지 않았지만, 제 곡을 라디오에서 들었다는 소식을 심심치않게 들었답니다. 아무래도 TV 쪽보다는, 음악을 선곡해서 틀어야 하는 라디오에서 좀 더 신선한 음악들을 찾고 있는 경우가 많습니다.

십센치의 〈아메리카노〉라는 곡도 이렇게 라디오에서 틀어주면서 사람들에게 알려졌고, 재미있는 곡이라며 사람들이 또 듣고 싶어서 찾아서 듣게 되면서 이슈가 된 것이었죠. 그렇기 때문에 일단 심의 신청을 하고, 청취율이 높은 프로그램 홈페이지에 가서 매일매일 신청곡으로 신청하세요. 그러면 최소 한두 번은 틀어줄 것입니다. 물론 음악도 좋아야겠죠? 라디오 청취율 순위는 아래와 같습니다. (2014년 9월 기준)

순위	프로그램명	라디오 방송국
1	두시탈출! 컬투쇼	SBS 파워FM
2	조영남 · 최유라의 지금은 라디오 시대	MBC 표준FM
3	슈퍼주니어의 KISS THE RADIO	KBS 2라디오
4	윤하의 별이 빛나는 밤에	MBC 표준FM
5	유인나의 볼륨을 높여요	KBS 2라디오

청취율 순위는 조금씩 변동이 있을 수 있습니다. 자신의 음악을 주로 들을 연령층이나 직업군이 있다면 그런 부분도 고려해서 신청한다면 더 좋겠죠? 예를 들면 자신의 음악은 차분한 발라드라고 생각한다면 야간~심야 시간대의 방송을 공략하는 것이 좋을 것입니다.

3) SNS(페이스북, 트위터, 카카오 스토리, 인스타그램)

요즘 SNS는 안 하는 사람이 없을 정도로 굉장히 파급력이 높은 홍보 수단입니다. 실제로 서점에 가보면 페이스북 마케팅, 블로그 마케팅 등 SNS를 활용하여 마케팅하는 방법에 대한 서적들이 상당수 나와 있습니다.

인터넷 검색창에 '페이스북 마케팅'이라고 검색해보면 수없이 많은 관련 도서들이 검색됩니다. SNS는 Social Network Service의 약자로, 위키피디아에서는 '관심이나 활동을 공유하는 사람들 사이의 교호적 관계망이나 교호적 관계를 구축해주고 보여주는 온라인 서비스 또는 플랫폼'이라고 정의하고 있습니다.

'페이스북'과 '트위터' 등이 대표적인 SNS이며, 카카오톡 플랫폼의 '카카오스토리'도 많이 이용되며, 사진 중심의 SNS인 '인스타그램'도 큰 인기를 끌고 있습니다. '블로그'는 전통적으로 많이 활용이 되고 있는 SNS입니다.

트위터는 많은 연예인들이 팬들과 대화하듯 소통하는 통로로 많이 사용하고 있습니다. 페이스북은 페이스북만의 특성을 살리고, 트위터는 트위터만의 특성을 살려서 홍보 계획을 세운다면 효과적인 홍보를 할 수 있습니다.

저도 페이스북을 활발하게 이용하고 있습니다. 페이스북을 하다보면, '페이지'라는 개념의 계정을 만들어서 활동하는 업체 및 개인이 있는데, 재미있는 포스팅을 하면서 광고를 해주고, 수입도 거두고 있는 것을 종종 발견하곤 합니다. SNS상에서는 온라인상의 친구들도 계속해서 만들어갈 수 있기 때문에, 홍보를 하기에는 더없이 좋은 구조입니다.

또 페이스북은 트위터, 유튜브, 인스타그램, 블로

제이써니의 페이스북

그 등의 영상 및 사진들을 공유할 수 있어서, 이 부분들을 잘 활용한다면, 엄청난 파급력을 가지고 올 수 있습니다. 실제로 어떤 사람이 유튜브에 자신의 딸의 귀여운 모습을 담은 동영상을 올렸는데, 그 영상을 페이스북에 누군가가 공유를 하면서 엄청난 속도로 번져나가 유명 인사가 된 사례가 있습니다. 이런 사례들은 요즘 심심치 않게 찾을 수 있습니다. 물론 이 부분도 좋은 콘텐츠가 기반이 되어야 하는 것은 기본입니다.

1인 레이블을 만들었지만, 홈페이지를 만들 여력이 안 된다 하시는 분들은 일단 페이스북의 페이지 기능을 활용하시면, 많은 도움이 될 것입니다. 페이지 기능의 활용이나 자세한 개설 방법은 시중에 나와 있는 '페이스북 마케팅' 혹은 '페이스북 페이지 만들기' 등과 같은 주제의 도서들을 참고하면 좋을 것 같습니다.

아래는 제가 운영하고 있는 허니뮤직의 페이스북 페이지입니다.

허니뮤직 페이스북의 페이지

또 여전히 블로그의 역할도 중요합니다. 블로그가 중요한 이유는 바로 검색 서비스 때문입니다.

여러분도 맛집에 대한 정보나, 제품을 구입하기 전 리뷰, 아티스트에 대한 리뷰 등에 대한 정보를 필요로 할 때는 네이버, 다음과 같은 포털사이트에 검색을 하시죠? 그때 어떤 정보를 많이 찾아보게 되나요? 바로 블로거들이 올려놓은 블로그의 포스팅일 것입니다. 그리고 이 블로그들은 포털에 바로 노출이 되기 때문에 잘만 정리하고 꾸며놓으면 좋은 홍보 공간이 될 수 있으며, 어디선가 음악을 듣고 좋아서 검색한 사람이 우연히 블로그까지 와서 팬이 될 수도 있습니다.

블로그를 레이블의 블로그로 꾸며도 되고, 만약 레이블 페이스북 페이지가 있다면, 블로그는 아티스트 블로그로 꾸미셔도 좋습니다. 저는 블로그는 저의 싱어송라이터 활동명인 '제이써니'의 아티스트 블로그로 꾸려놓았습니다.

아래는 제 블로그의 첫 화면입니다.

제이써니의 블로그

각자 아티스트의 개성에 맞게 블로그도 꾸며보길 권하며, 디테일한 부분은 시중에 판매되는 블로그 마케팅 등 관련 도서를 참고하면 좋겠습니다. 사실 그런 책들을 보지 않아도, 블로그를 직접 만들고 운영하다 보면 길이 보인답니다.

4) 자체 방송 채널을 활용하여 홍보하기(유튜브)

지난 2012년, 전 세계를 떠들썩하게 만든 우리나라 가수가 있습니다. 이미 눈치 채셨겠지만, 바로 가수 '싸이'입니다. 싸이는 2012년 〈강남스타일〉이란 곡으로, 전 세계적인 스타가 됩니다. 그런데 이게 도대체 어떻게 가능했을까요?

물론 싸이의 〈강남스타일〉이라는 곡도 좋았고, 뮤직비디오도 인종과 문화를 초월해서 이해할 만한 재미있는 개그 코드로 잘 만들어졌습니다. 하지만 단지 그것만으로 전 세계적인 스타가 될 수 있을까요? 보여주고 들려줄 수 없다면 모두 소용없는 일이었겠죠? 그렇다면 전 세계 곳곳에 있는 사람들은 도대체 어떻게 싸이의 강남스타일을 듣고, 볼 수 있게 되었을까요?

바로 '유튜브' 덕분입니다.

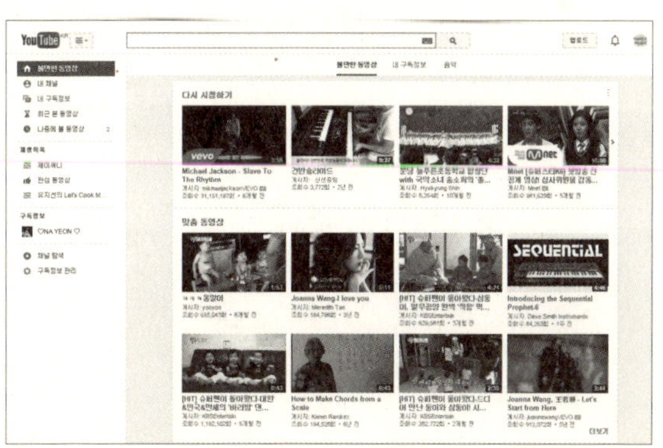

유튜브는 미국의 인기 무료 동영상 공유 사이트로, 사용자가 비디오 클립을 업로드하고, 동영상을 보거나 공유할 수 있습니다. 2005년, PayPal 직원이었던 채드 헐리(Chad Meredith Hurley), 스티브 첸(Steve Shih Chen), 자웨드 카림(Jawed Karim)이 공동으로 창립했으며, 이듬해 구글이 인수하여 현재는 구글의 소유입니다.

유튜브는 여러분들이 만든 동영상을 올리고 불특정 다수가 마음껏 시청할 수 있도록 해줍니다. 싸이의 〈강남스타일〉 뮤직비디오는 바로 이 유튜브를 통해 전 세계 사람들이 볼 수 있게 되었던 것이지요. 물론 당연히 콘텐츠의 질도 우수했습니다. 이렇게 삼박자가 잘 맞는다면, TV, 라디오 출연 없이도 홍보할 수 있습니다.

특히 스마트폰이 널리 보급되면서, 우리는 보고 싶은 영상들을 검색해서 어디서든 시청할 수 있는데, 이 부분도 유튜브라는 도구를 효율적으로 활용할 수 있는 배경이 되었습니다.

구글 계정을 가지고 있다면 자신의 유튜브 채널을 만들 수 있습니다. 아래는 저의 유튜브 채널 홈페이지입니다.

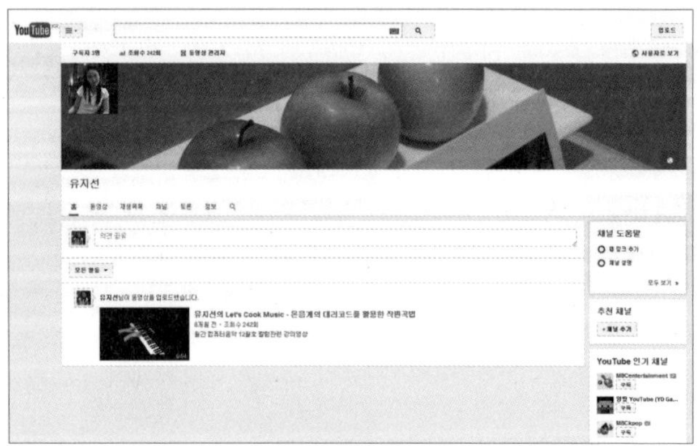

제이써니의 유튜브 채널

다양한 경로로 영상을 보게 된 사람들 중에 그 영상의 채널의 주인이 올린 영상을 계속 보고 싶으면 구독을 할 수 있으며, 그렇게 팬을 만들 수 있습니다. 정말 재미있고, 획기적인 콘텐츠의 영상을 올리게 되면, 많은 사람들이 공유하여 보게 되며, SNS상에서도 화제가 될 수 있습니다. 그만큼 유튜브는 어떤 도구보다도 효과적인 도구인 것입니다.

하지만 유튜브는 영상만을 올려야 하기 때문에, 기본적인 영상 편집 기술 및 촬영에 대한 센스는 갖춰야 합니다. 물론 외부에 제작을 맡긴 뮤직비디오를 올리는 것이라면, 업로드 정도만 할 수 있으면 됩니다. 그러나 요즘에는 뮤직비디오 외에도 라이브 영상이라든지, 집에서 노래하는 영상 등을 핸드폰이나 캠코더로 직접 찍어서 올리는 경우도 있는데, 이런 영상들이 의외로 좋은 반응을 얻기도 하니 최대한 유튜브를 활용할 수 있는 방법을 익혀두고 적용할 수 있도록 해야 할 것입니다. 저는 홍보 영상을 주기적으로 촬영하기 위해서 조그만 캠코더를 구입했습니다.

5) 팟캐스트 활용하기

혹시 '팟캐스트'를 들어보셨나요? 잘 모르는 분들도 몇 해 전 큰 인기를 끌었던 〈나는 꼼수다〉라는 방송을 들어본 적이 있을 것입니다. 일단 팟캐스트가 무엇인지 설명하자면, 오디오 파일 또는 비디오 파일 형태로 뉴스나 드라마 등 다양한 콘텐츠를 인터넷망을 통해 제공하는 서비스로, 애플의 아이팟 (iPod)과 방송(Broadcasting)을 합성한 신조어입니다.

기존 라디오 프로그램과 달리 방송 시간에 맞춰 들을 필요가 없으며, MP3

플레이어, 스마트폰 등을 통해 구독 등록만 해놓으면, 자동으로 업데이트 되어 아무 때나 프로그램을 내려받아 들을 수 있어 인기를 얻고 있습니다. 대표적인 팟캐스트로는 〈책 읽는 라디오〉, 〈나는 꼼수다〉 등이 있습니다.

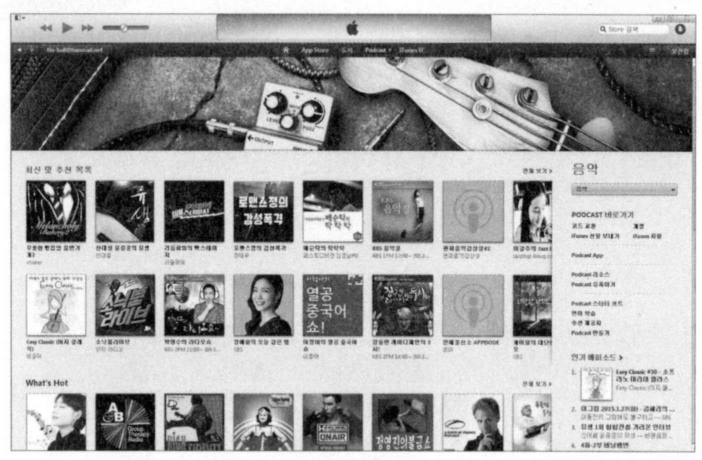

팟캐스트

이것은 사실 청취자 입장에서 이해할 수 있는 개념인데, 좀 더 쉽게 설명하자면 1인 라디오 방송을 할 수 있는 플랫폼입니다. 유튜브가 개인 영상 방송을 할 수 있는 플랫폼이었다면, 팟캐스트는 개인 라디오 방송이 가능한 플랫폼입니다.

국내에서 팟캐스트는 정치를 주제로 하는 방송으로 유명해졌지만, 팟캐스트에 들어가보면 음악 카테고리가 존재하며, 그 안에는 다양한 음악 관련 채널들이 가득합니다. 팟캐스트를 하기 전에 방송이 어떻게 진행되는지 상위 순위의 방송들을 들어보는 것도 좋습니다.

그런데 여기서 드는 고민이 있을 것입니다. '난 아이폰 유저도 아니고, 애플 유저도 아닌데 팟캐스트를 어떻게 하지?'라는 고민을 하는 독자 분들이 분명 계실 것입니다. 물론 팟캐스트가 애플의 아이튠즈에서 서비스되는 방송 시스템이긴 하지만, 요즘에는 안드로이드 기반의 스마트폰이나 애플이 아닌 컴퓨터에서도 들을 수 있는 방법이 있으며, 제작한 콘텐츠를 업로드하는 것도 꼭 아이폰이나 애플 계열 컴퓨터를 소지하
지 않아도 가능합니다. 아이폰이 아닌 경우는 구글 플레이 마켓에서, '팟빵'과 같은 앱을 다운받으면 아이튠즈에서 서비스되는 방송을 동일하게 들을 수 있습니다.

그렇다면 팟캐스트 방송은 어떻게 할까요? 여기서는 콘텐츠를 어떻게 만드는지에 대한 부분은 다루지 않고, 완성된 콘텐츠를 어떻게 팟캐스트에 서비스할 수 있는지에 대한 부분을 집중적으로 다루도록 하겠습니다.

일단은 콘텐츠를 올릴 서버가 필요합니다. 저는 '팟호스팅'을 통해 호스팅 및 배포를 했습니다. 매달 일정 용량의 서버를 무료로 사용할 수 있으며, 이곳에 업로드한 후에 아이튠즈 내의 아이팟 및 팟빵 등의 팟캐스트를 들을 수 있는 곳에 최소 1시간에서 하루 이내에는 업데이트가 됩니다. 하지만 무료로 제공되는 용량이 250MB 정도밖에 되지 않기 때문에 저는 월 25,000원 500MB의 서비스를 신청하여 사용하고 있습니다. 팟호스팅을 활용한 팟캐스트 개설 방법은 제이써니의 앨범 제작기에서 좀 더 상세히 다루도록 하겠습니다.

다음은 제가 진행하는 〈제이써니의 팝캐스트〉의 아이튠즈 내 홈 화면입니다.

제이써니의 팟캐스트 1

그렇다면 팟캐스트를 왜 해야 하는지에 대한 의구심이 또 생길 것입니다. 일단 1인 레이블이라면 홍보할 수 있는 채널이 공중파 방송은 아니기 때문에, 유튜브나 SNS 등을 최대한 활용해야 합니다. 그중에서도 요즘에는 자신 있는 분야를 주제로 한 팟캐스트 라디오 방송을 개설하여 홍보를 하는 아티스트들이 꽤 있습니다.

이 부분을 준비할 때는 사전 준비를 잘해야 하고, 꾸준히 할 각오를 하고 해야 합니다. 최소 10회 이상은 방송을 해야 청취자가 생기기 때문입니다.

이렇게 만들어진 팟캐스트는 당장 눈에 보이는 홍보 효과는 없더라도, 꾸준한 방송을 하며 뮤지션으로서의 인지도를 높일 수 있고, 청취자가 많아지면 방송 자체가 다양한 홍보를 할 수 있는 새로운 채널이 될 수 있습니다. 때문에 잘 운영해 놓는다면, 앨범이 나왔을 때 그 채널을 활용하면 되므로, 효과적인 홍보 방법이라고 할 수 있겠습니다.

제이써니의 팟캐스트 2

6) 노래방 등록 신청

노래방에는 어느 정도 알려진 곡이 아니면 등록이 자동으로 되지 않습니다. 그래서 노래방에 내 곡을 등록하고 싶으면 직접 신청해야 합니다. 노래방 기계 업체 중 가장 많이 알려진 금영과 태진, 두 사이트에서 신청하는 방법을 살펴보겠습니다.

① 금영

　　금영(http://www.ikaraoke.kr/isong/recommend_20.asp)으로 접속하면, 아래와 같은 화면에서 직접 신청할 수 있습니다.

② 태진

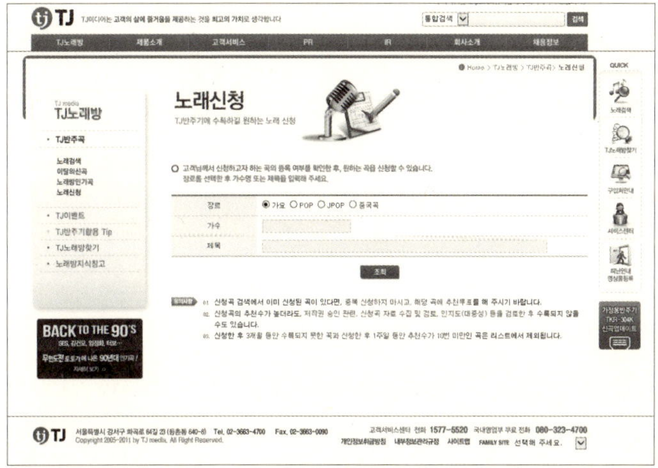

태진(http://www.tjmedia.co.kr)으로 들어가서 '노래 신청'을 클릭하세요.

이렇게 노래방 신청까지 하면 1인 레이블로서 할 수 있는 거의 모든 과정이 끝난 것입니다. 모든 과정을 수행하기가 힘들긴 하지만, 한 번 해두면 그 다음 작업부터는 수월하답니다.

그럼 저의 작업기를 함께 따라가 볼까요?

7) 제이써니의 EP 앨범 제작기 – 음원 홍보

이제 유통할 준비가 모두 끝났으니, 이제 홍보를 본격적으로 준비하도록 하겠습니다. 앞서 설명한 순서대로 직접 해보려고 하니, 잘 따라와 보시길 바랍니다. 우선 보도자료를 만드는 일부터 시작해 보겠습니다.

① 보도자료 배포

보도자료 배포 업체를 선정하는 데, 저는 합리적인 비용과 과거 만족스러웠던 경험이 있던 업체를 선정했습니다. 비용 절감을 할 수 있는 부분에서는 확실히 해야 하기 때문에, 필요한 만큼의 배포 횟수를 설정하여 결제하는 시스템이 현실적으로 잘 맞았습니다. 만약에 지속적으로 보도자료를 배포할 것이라면, 매달 일정 금액을 지불하는 시스템이 더 저렴할 수 있으니, 자신의 상황에 맞게 결정하기 바랍니다.

보도자료 배포 업체인 '뉴스와이어'의 사이트로 들어가 보도록 하겠습니다.

보도자료는 직접 작성을 하고, 사이트에서 배포를 요청할 수 있습니다. 그러나 글 쓰는 것에 자신이 없다면 기사 작성까지 의뢰할 수 있는데, 후자의 경우에는 금액이 많이 높아집니다. 그래서 저는 보도자료는 직접 작성하고,

배포만 의뢰할 생각입니다. 보시다시피 배포 횟수 등에 따라 차등적으로 금액이 책정되어 있습니다.

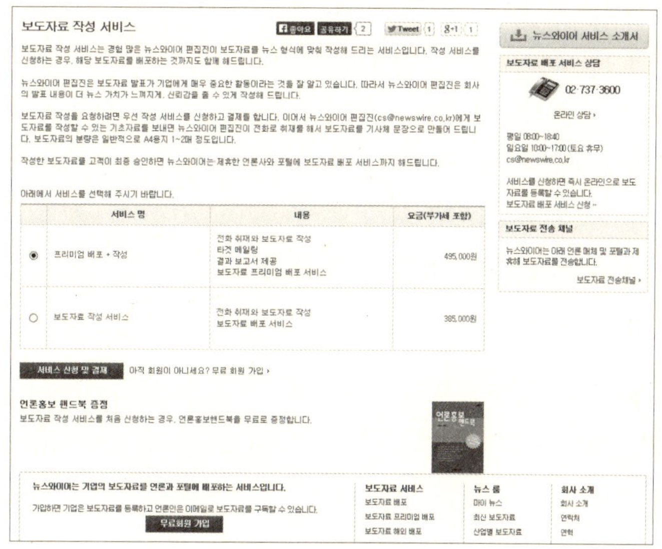

보도자료 배포 업체

저는 총 3회 배포할 예정이므로, 배포 3회 서비스를 신청했습니다. 그럼 지금부터 보도자료를 작성하는 요령에 대해서 알아볼까요?

1. 사건의 의미와 중요성을 강조한다.

2. 신뢰감을 주고, 인상적이어야 한다.

3. 간명하고 함축적인 제목을 사용한다.

4. 말하듯이 쓴다.

5. 첫 문장에서 전체 윤곽을 잡아야 한다.

6. 본문은 역 피라미드 형식으로 쓴다.

7. 독자의 입장에서 쉽게 작성한다.

8. 육하원칙에 따라 핵심 내용을 요약한다.

9. 핵심은 분명하고, 일관성이 있어야 한다.

10. 문장은 짧아야 한다.

11. 긴 보도자료는 본문과 해설로 분리된다.

12. 코멘트는 신뢰성을 높여준다.

13. 사진과 동영상을 삽입한다.

14. 문의처, 회사 소개, 웹 주소를 기재한다.

15. 키워드를 보도자료에 삽입한다.

이것이 보도자료를 쓰는 방법입니다. 꼭 이 원칙에 맞춰 쓰기보다는 중요한 부분만 적용하여 작성하면 됩니다.

다음은 제가 배포를 요청한 보도자료 중 하나입니다.

보도자료

싱어송라이터 제이써니의 첫 번째 EP 앨범 My Trip

그동안 3장의 싱글 앨범으로만 그녀를 만날 수 있었다면, 이번에는 그녀의 음악 세계를 깊게 알아볼 수 있게 되었다. 총 5곡으로 구성된 그녀의 앨범은 여행과 사랑을 테마로 하고 있으며, 만남에서 헤어짐의 구조로 곡을 구성했다.

첫 번째 곡인 〈My Trip〉은 보사노바 풍의 산뜻한 곡으로 그녀의 맑은 음색과 잘 어울리며, 이 곡은 작사, 작곡, 편곡 모두 그녀 혼자 작업한 곡이다.

두 번째 곡인 〈우리 둘이〉는 가벼운 리듬에 심플한 멜로디가 특징으로, 대중들이 좋아할 만한 멜로디 라인을 가지고 있다.

이렇게 작성해 봤습니다. 여러분들도 각자의 취지에 잘 맞도록 보도자료를 작성해보기 바랍니다. 전 이 자료 외에도 두 개의 보도자료를 추가로 작성하여 배포할 것입니다. 저는 앞에서 언급했던 뉴스와이어에 배포 신청을 했습니다. 여러분도 각자에게 맞는 업체를 찾아 직접 시도해 보세요.

② 방송 홍보(TV, 라디오)

▶TV

배포를 완료했다면, 이제 방송 및 라디오 홍보를 준비해야 합니다.

저도 유명 걸 그룹이 아니기 때문에 〈뮤직뱅크〉, 〈음악중심〉과 같은 프로그램에는 나가기가 힘들겠다는 생각에, EBS 스페이스 공감 〈헬로루키〉에 지원해 보기로 했습니다. 헬로루키의 응모 자격을 잠시 살펴보겠습니다.

〈헬로루키〉의 응모 자격

- 모든 장르의 음악으로 지원 가능
- 앨범을 발매한 적이 없거나, EP, 싱글을 제외한 정규 1집 앨범 발매가 1년을 넘기지 않은 신인
- 그룹(밴드)일 경우, 멤버 중 절반 이상이 정규 1집 앨범을 초과 발매하지 않아야 함
- 재도전일 경우 처음 응모했던 날짜를 기준으로 정규 1집 발매 경과일 신청

일단 저는 자격에 문제가 없는 것 같으니, 지원을 해보도록 하겠습니다. 하지만 제가 이 원고를 쓰는 시점에는 지원이 마감되어 다음 지원을 기다려야 할 것 같습니다. 헬로루키에 지원하려는 분들 모두 EBS 〈Space 공감〉 홈페이지에 올라오는 공지를 확인하여 일정에 차질이 없도록 하기 바랍니다.

▶라디오

라디오 홍보 역시, 앞에서 언급했듯이 친분이 있는 PD가 있거나, 아티스트 자체로 혹은 음악이 큰 이슈가 되지 않으면 출연 섭외 요청이 오기가 쉽지 않습니다. 어느 정도 인지도가 있다면 새 앨범이 나올 때쯤 출연할 수 있겠지만, 그렇지 않다면 어렵습니다. 그렇기 때문에 라디오에서 자신의 곡이 흘러나오게 하려면 신청곡으로 신청해 한 번이라도 더 노출이 되게끔 하는 것입니다.

가장 인지도가 높은 SBS 파워FM 〈두시탈출! 컬투쇼〉, MBC 표준FM 〈조영남 · 최유라의 지금은 라디오 시대〉, KBS 2라디오 〈슈퍼주니어의 KISS THE RADIO〉, MBC 표준FM 〈윤하의 별이 빛나는 밤에〉, KBS 2라디오 〈유인나의 볼륨을 높여요〉의 순으로 신청을 해보려고 합니다.

제가 타깃으로 하는 청취자의 나이층을 고려해서 1, 4, 5위 정도의 프로그램을 집중적으로 올려

〈유인나의 볼륨을 높여요〉 홈페이지

보려고 합니다. 일단 홈페이지에서 '사연과 신청곡' 메뉴로 들어가서 글을 쓴 후, 사연과 신청곡을 남기면 됩니다. 선택이 될지는 미지수이지만 열심히 여러 곳에 신청하면 몇 곳에서는 나올 수 있습니다. TV 출연은 혼자 힘으로는 힘들 수 있어도, 이 방법은 비교적 움직이는 만큼의 성과를 확인할 수 있는 방법입니다. 저는 이 외에도 약 20개 정도의 방송에 신청곡을 올렸습니다. 부끄럽다고 생각하지 말고, 스스로 움직여야 기회가 온다는 생각으로 실행에 옮겨보길 바랍니다.

③ 자체 방송 채널 만들기 및 제작한 영상 업로드

이번에는 유튜브에 스스로 방송 채널을 만들어 봅시다. 싸이가 바로 유튜브에 뮤직비디오를 올려서 세계적인 스타가 되었지요. 저는 개인 유튜브 계정이 있지만, 아직은 영상이 많지 않습니다. 이곳에 이번 EP 앨범의 타이틀 곡의 뮤직비디오를 업로드할 것입니다.

허니뮤직 유튜브 채널

요즘엔 뮤직비디오 외에도, 자신의 라이브 영상을 주기적으로 올리기도 합니다. 그런 것들로 홍보 효과를 보는 경우도 있기 때문에, 저는 유통 전에 미리 업로드할 영상들을 준비해 놓았고, 그 영상들을 1~2주일에 한 번 정도 업로드하려고 합니다.

유튜브에는 동영상을 올릴 때 동영상을 편집할 수 있는 기능도 있어서, 전문 장비로 촬영하지 않아도 스마트폰 등으로 찍은 영상들을 편집하여 올릴 수도 있습니다. 저는 제가 사용하는 베가스라는 프로그램을 이용해서 만들어 봤습니다.

그럼 뮤직비디오를 업로드해 볼까요? 우선 유튜브에서 채널을 만들어 봅시다. 오른쪽 상단의 '업로드'라는 버튼을 클릭한 후에 컴퓨터에서 업로드할 뮤직비디오를 드래그하여 업로드하고, 그 이후에는 안내대로 진행하면 됩니다.

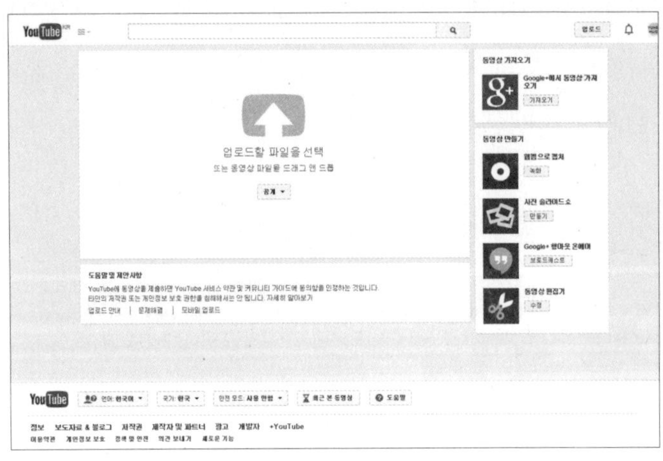

유튜브에서의 업로드

④ SNS, 블로그 홍보

다들 SNS 계정 하나쯤은 가지고 있죠? 저는 페이스북, 트위터, 인스타그램, 카카오 스토리 계정을 가지고 있으며, 블로그도 운영하고 있습니다. 요즘에는 서로 다른 SNS를, 또 블로그를 서로 연동시킬 수 있고, 유튜브와도 연동이 가능하기 때문에, 활용 방법만 정확히 알아둬도 효과적인 홍보를 할 수 있습니다.

페이스북에는 '페이지'라는 기능이 있어서, 개인이 몇 개의 계정을 이용하는 효과를 얻을 수 있습니다. 저는 제 이름으로 활동하고 있는 계정과 저의 레이블 이름인 '허니뮤직'으로 운영 중인 페이지가 있습니다. 그리고 저는 '허니뮤직'(honey-music.co.kr)의 홈페이지도 따로 운영하고 있습니다.

사실 당장 홈페이지는 만들지 않아도 상관은 없습니다. 요즘엔 블로그를 홈페이지처럼 활용하는 경우도 많기 때문이지요. 하지만 저는 레이블 사업 외에도 영상음악 외주 사업도 함께 하고 있어서, 홈페이지를 제작했습니다.

그럼 지금부터 SNS와 블로그, 홈페이지를 활용하여 홍보를 해보도록 하겠습니다. 한꺼번에 너무 많은 것을 오픈하기보다는, 이틀에 한 번 정도로 계속해서 노출을 하는 방법을 추천합니다.

SNS, 블로그 등을 통한 홍보

1. 앨범 발매일 전, 티저 영상과 보도자료 기사를 블로그 및 각각 SNS에 공유
2. 앨범 발매일에 맞춰 소개글과 사진 노출, 뮤직비디오 풀 버전 오픈 및 블로그와 SNS 공유
3. 2차 보도자료 배포 및 블로그와 SNS 공유
4. 유튜브 업로드 영상 계속 공유
5. 그 외에 라디오와 방송 등 스케줄에 대한 부분은 계속해서 블로그와 SNS에 업데이트

위의 순서 중 2번 과정을 진행해 봤습니다. 허니뮤직 페이스북 페이지를 통해 앨범 자켓을 먼저 업로드했습니다. 그리고 연동되어 있는 저의 페이스북 계정으로 공유를 했습니다. 그 다음으로는 제가 운영 중인 블로그에도 포스팅을 했습니다. 사진과 검색어를 연관지어 넣으면 포털 검색어에 따라서 블로그 첫 페이지에 올라갈 수도 있습니다.

허니뮤직 페이스북

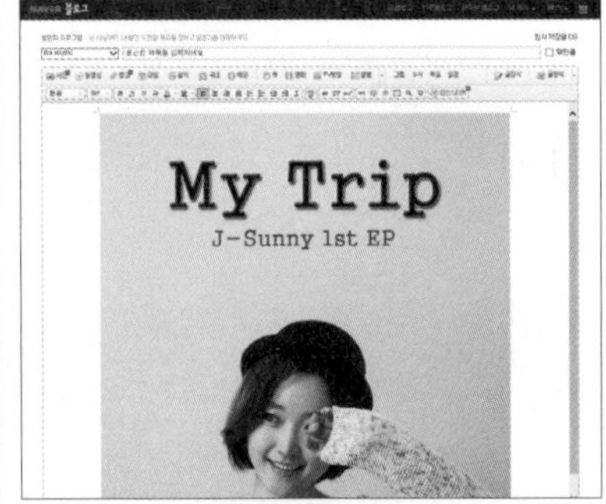

제이써니 블로그

이렇게 올려둔 블로그 포스팅 URL은 역으로 다시 페이스북에 연동할 수도 있고, 트위터에도 함께 연동하여 관심을 이끌어낼 수 있습니다. 이런 방법으로 유튜브에 올린 영상도 페이스북, 블로그, 트위터 등에 연동했습니다.

최종적으로 허니

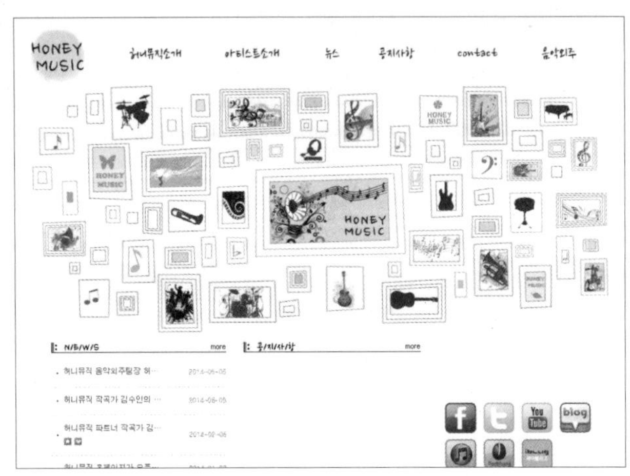

허니뮤직 홈페이지

뮤직 홈페이지에도 뮤직비디오와 보도자료, 블로그, 페이스북 등의 자료를
합해 업로드했습니다.

⑤ 팟캐스트 방송

요즘에는 개인 방송을 할 수 있는 방법도 굉장히 다양해졌습니다. '아프리
카 TV'를 통해서 라이브 영상 방송도 가능하고, 팟캐스트 등으로 자신만의 라
디오 방송국을 만들 수도 있습니다. 이미 팟캐스트에 대해서는 위에서 설명했
으니, 제가 진행하는 '제이써니의 팝캐스트'의 방송 과정을 소개해 드리겠습
니다.

1. 방송 콘셉트 잡기

저는 〈제이써니의 뮤직프렌드〉라는 방송을 먼저 시작했었습니다. 하지만

여러 가지 상황과 여건이 여의치 않았고, 내가 제일 잘할 수 있는 방송을 하자는 생각에 제가 자신 있는 팝 아티스트에 대한 토크 방송으로 방송 콘셉트를 잡았습니다. 방송명은 〈제이써니의 팝캐스트〉입니다.

2. 방송의 기본적인 구성(스토리보드) 만들기

팟캐스트는 개인 방송이기 때문에 어떤 말을 해도 제재할 사람은 없지만, 결국 잘 짜인 구성은 청취자들의 호기심과 관심을 유도합니다. 저는 이 과정에서 다른 뮤지션을 패널로 섭외했습니다. 혼자 이야기하는 것보다는 진행자와 패널이 주고받는 콘셉트가 청취자로 하여금 관심을 불러일으킬 수 있을 것이라고 생각했기 때문입니다.

음악 방송이지만 저작권 규정상 음악을 틀 수 없기 때문에, 아티스트에 대한 생애와 에피소드, 추천곡 위주로 진행하도록 했고, 저는 진행자로 패널은 전문가 역할로 분담하여 질의응답을 하는 스토리를 구성했습니다. 패널과는 소개하고 싶은 아티스트를 정하고, 대본도 함께 정리한 뒤 녹음 스케줄을 잡았습니다.

3. 방송 녹음

팟캐스트를 위한 전문 스튜디오도 많이 있지만, 음악 작업을 하는 사람인만큼 개인 작업실에서도 녹음 및 편집이 가능하여, 제 작업실에서 모든 것을 진행했습니다. 녹음 프로그램은 제가 사용하고 있는 큐베이스로 진행했는데, 이건 본인이 사용하는 DAW를 자유롭게 사용해도 됩니다.

4. 방송 편집

녹음을 하다보면 여러 가지 돌발 상황과 쓸데없는 잡담이 들어가기 때문에 후 편집 작업은 필수입니다. 역시 제가 사용한 큐베이스로 편집을 했습니다. 오디오 방송이기 때문에 영상 편집은 따로 하지 않습니다.

큐베이스에서의 편집 작업 창

5. 방송 썸네일 제작

팟캐스트는 수많은 개인 방송이 있기 때문에 눈에 띄는 썸네일이 필요합니다. 관심과 호기심이 가는 썸네일은 일단 클릭해서 들어보기 때문입니다. 저는 포토샵을 이용하여 팟캐스트에 노출될 썸네일을 제작했습니다.

6. 방송 업로드

저는 앞서 소개했던 팟호스팅을 이용합니다. 자신에게 맞는 서비스를 선택할 수 있는데, 저는 항상 1시간 정도의 분량이 나와서 무료 용량보다 좀 더 큰 실버 서비스를 이용했습니다. 팟캐스트 생성을 누른 뒤, 안내에 따라 캐스트 정보를 입력하여 개설한 뒤에, 에피소드 등록을 하면 업로드 끝! 업로드가 끝나면 팟캐스트와 팟빵에서 확인할 수 있습니다.

　이런 다양한 미디어 매체를 활용하여 자신의 콘텐츠를 알리는 것도 좋은 홍보 방법입니다. 1인 레이블이라면 누군가가 찾아주기 전에 스스로 움직이는 것이 제일 중요합니다.

팟캐스트에서 에피소드 업로드

1인 레이블 가이드북

부 록

제작·유통·홍보
관련 업체

녹음실 및 믹싱 · 마스터링 스튜디오

녹음실명	연락처	녹음실명	연락처
702녹음실	070-4108-7021	소닉 코리아	02-517-0935~6
Velvet Recording Studio	02-3472-2286	레드브릭 스튜디오	070-4102-4002
모조사운드	070-8158-5254.	뮤지클린	www.musiclean.com
부밍	02-554-9794	신촌공항	www.apsc.co.kr
장충레코딩스튜디오	02-2266-9852	KC뮤직	www.kcmusic.co.kr
Hong sound Mix LAb.	www.hongsound.com	연 뮤직앤사운드	02-588-4611
상상마당(춘천)	070-7586-0526	사운드워크	www.thesoundwalk.com
HC 스튜디오(부산)	070-4962-5376	토마토 스튜디오	02-337-2246
글리사운드(부산)	www.gleesound.com	wave studio	070-4312-0048
Brickwall Sound	02-920-2318	모래 뮤직 스튜디오	070-4038-4521
Mplus	02-323-1023	모노 스튜디오	070-8729-2324
Verse Music	02-6265-0401	버블껌 스튜디오	02-6353-2587
콩나물 공장	02-561-8238	HD Sound	hdproducer@naver.com
ELMU	02-546-1550	109 스튜디오	070-8256-8109
파워하우스 스튜디오	02-3446-5150	SG Companyy	02-576-7222
이스트힐 레코딩 스튜디오	070-8222-3355	튜니뮤직	031-707-8741
라임 음악 공작소	070-7371-7720	헤마녹음실	www.hemamusic.co.kr
모바일 디지소닉	02-516-5317	이레 레코딩 스튜디오	www.yirehmusic.com
헤드뱅 녹음실	02-851-0583	사운드랩 스튜디오	031-715-4566
퍼즐 레코딩스튜디오	www.puzzlesound.com	이음 사운드	070-4063-9451
훈 스튜디오	02-585-6585	톤앤사운드	070-8880-0515
썬플라워 녹음실	070-4015-6789	라따 스튜디오	02-928-8004
스튜디오 아크	02-424-7847	소닉 엣지 스튜디오	070-8793-6775
퍼플미디어	02-333-3958	앤드뮤직	02-2642-4581
보이스큐어(인천)	032-321-8122	마초스튜디오	02-793-7409
몬스터레코드(인천)	www.monster-rec.com	슈퍼킹 사운드	031-911-1784
에코사운드(대전)	www.echosound.co.kr	투엠 스튜디오(대전)	070-7591-8119
스카이워커스(대구)	053-383-1008	아크레코딩스튜디오(대전)	042-489-9381
비커즈 뮤직(대구)	http://bcuzmusic.com	비전사운드(광주)	062-434-4733
스튜디오 7(부산)	051-241-2280	딸기나무 레코딩스튜디오(부산)	051-805-3270

국내 유통사

유통사명	연락처	유통사명	연락처
㈔한국음반산업협회	02-3270-5900	블랙스완엔터테인먼트	070-4133-0306
㈜필뮤직	02-547-4245	뮤직스프레이	070-8834-0708
㈜KT뮤직	1577-5337	아이엑스케이미디어	070-4247-4862
㈜SBS 콘텐츠허브	02-2001-6600	아이엠비씨(iMBC)	02-2105-1100
㈜SM엔터테인먼트	02-6240-9800	야누스뮤직	070-8245-0820
㈜YG엔터테인먼트	02-3453-3412~3	워너뮤직(EMI)	02-560-7900
㈜네오위즈인터넷 (벅스뮤직)	1566-4882 bugsat@neowiz.com	콩지뮤직	070-4065-5085
㈜다날엔터테인먼트	031-697-1005	믹스판토바	mixfantova@naver.com
㈜다이렉트미디어	02-552-6805	인플래닛	02-3472-6680
㈜도레미미디어	031-944-5600	루오바팩토리	02-723-2280
㈜디지털레코드	02-512-4684	뮤직카로마	02-547-4245(ARS 1번)
㈜로엔엔터테인먼트 (멜론)	02-2280-2777	㈜디패션	02-2105-1743
㈜루미넌트엔터테인먼트	02-538-8205	㈜사운드홀릭	02-3141-4206
㈜에이온미디어	02-6390-2400	㈜소리바다	1577-7334
㈜오감엔터테인먼트	02-542-2358	뮤직앤모바일	02-6925-0862
킹핀엔터테인먼트	070-8236-2836	뮤직파이	070-7659-8381
CJ E&M(엠넷 미디어)	02-371-5501	㈜위프엔터테인먼트	02-512-8580
Lon Music	02-864-0958	㈜헬로준넷	webmaster@hellojune.net
		창조공작소	02-414-2486
Mirrorball Music	02-6083-6535 mirrorballmusickorea@ gmail.com	코리아리즘(KTH)	02-3452-9222
Sony Music	02-530-0900	토코리아엠앤이	070-8709-7278
Universal Music	02-2106-2000	티에스앤컴퍼니	02-6415-0369
강앤뮤직	031-955-2797	파이브앤컴퍼니	02-557-7255
네이버뮤직	1588-3820	포니캐년코리아	020-566-3973
뮤직파운드	070-8884-0574	힙합플레이야	02-335-7311

자켓 작업 전문 업체 및 디자이너

업체명	홈페이지
디자인스튜디오6982	http://studio6982.com/
지직 티엠씨	http://www.gigic.com/
스튜디오7005	http://www.studio7005.com/
YEGUK	http://www.yeguk.com/
세븐포인트	http://www.sevenpoint.co.kr/
스튜디오콩테	http://blog.naver.com/contestudio/
프로젝트 뮤 스튜디오(PMU스튜디오)	http://pmustudio.com/
Gumstudio	http://gumstudio.com/
정성진	http://www.jeongseongjin.com/
Visual Artist VAC	http://www.vaczunxoo.com/
Rung9	http://www.rung9.com/
스튜디오 픽셀그램	http://www.pixelgram.co.kr/
팝콘 스튜디오	http://www.popcornstudio.co.kr/

뮤직비디오 제작 업체

업체명	홈페이지
클루프로덕션	http://clue1.co.kr/
트웰브라운드	http://www.12rounds.co.kr/
케이필름	http://www.kfilm.co.kr/
턴투시티	http://turn2city.com/
크리크랩	http://www.crecrab.com/
곤	http://www.gonpost.com/
디노픽쳐스	http://www.dinopictures.co.kr/
SNP FILM	http://www.snpfilm.com/
제이팩토리	https://www.facebook.com/JayFactory/
비주얼크루 숟가락	http://sookkarak.com/
브리드팝	http://www.breedpop.com/
이야기들	http://www.iyagis.com/
STUDIOMIMA	http://www.studiomima.net/
크리에이티브 그룹 산타클로스 주식회사	http://www.snowsanta.com/
사파리미디어	http://www.safarimedia.co.kr/
비스킷뮤지엄	http://bskitmuseum.com/
GDW	http://gdw.kr/
메타올로지	http://www.metaoloz.com/
트로피컬비디오	http://tropicalvideo.tv/
캣버스필름	http://www.catbusfilm.com/
트웰브라운드	http://www.12rounds.co.kr/
Haefilm hol스튜디오 유우감독	http://www.haefilm.com/
나이브	http://studio-naive.tumblr.com/
INSPRIETHECULTURE	http://blog.naver.com/redwizard/
9ood's	https://www.facebook.com/9oods/
비디오파크	http://www.videopark.co.kr/
플랜비	http://www.plan-b.kr/
에이엔픽쳐스	http://cafe.daum.net/anpictures/
호랑이굴(TIGER CAVE)	http://tiger-cave.com/
토투가	http://tortuga.co.kr/
동네흉들	https://www.facebook.com/Dongnehyongdeulpigchyeoseu/

CD 제작 업체

업체명	홈페이지
가치와실용 OGM	http://ogm.co.kr/
비즈시디	http://bizcd.co.kr/
카피카피미디어	http://www.copycopy.co.kr/
씨디캠프	http://www.cdcamp.com/
디지털프로	http://digitalpro.co.kr/
하이시디	http://www.hicd.co.kr/
테이프랜드	http://tapeland.co.kr/
미스터시디	http://www.mrcd.co.kr/
씨디파크(CD PARK)	http://www.cdpark.co.kr/
CD마을	http://www.cdmaul.com/
블루시디	http://www.bluecd.co.kr/
온누리미디어	http://www.onurimedia.com/
오케이디브이디	http://www.okdvd.co.kr/
유니콘미디어	http://www.cddvd.co.kr/
레드박스	http://www.redboxmedia.co.kr/
하나미디어	http://www.hanamedia.co.kr/
류미디어	http://www.ryumedia.co.kr/
프랜드씨디	http://www.friendcd.com/
아라미디어	http://www.aramedia.co.kr/
디엠씨	http://www.dmccd.com/
네오딕	http://neodig.com/
비엘유이	http://www.bluedisc.co.kr/
원씨디	http://www.onecd.co.kr/
애니미디어	http://www.anymedia.co.kr/
블루콜라	http://www.bluecola.co.kr/
씨디캠프	http://www.cdcamp.com/

보도자료 배포 업체

업체명	홈페이지
뉴스캐스트	http://www.newscast.co.kr/
애드링크	http://www.adlink.or.kr/
뉴스에이	http://news-a.kr/
뉴스원	http://news-1.co.kr/
오픈프레스	http://www.openpress.co.kr/
뉴스와이어	http://www.newswire.co.kr/

＊위의 업체 외에도 수많은 업체가 있으며, 업체마다 비용이 다르니 잘 비교해보고 결정하세요.

  앨범의 음원 제작, 유통과 홍보까지 모두 살펴본 지금, 여러분의 머릿속에는 어떤 계획이 세워져 있는지 궁금합니다.

  책을 덮은 다음에도 개요 부분은 꼭 다시 읽어보시기 바랍니다. 개요 부분은 시작 단계에서는 전체적인 구조를 만들 수 있게 해주지만, 마무리 단계에서는 전체적인 아이디어 및 계획들을 다시 한 번 체계적으로 정리해주는 역할을 해줄 것입니다.

  음원 제작 부분은 사실 이미 독자 여러분들은 스스로 할 수 있는 부분이라고 생각됩니다. 하지만 구체적인 음원 제작 진행에 대한 부분이 막막했던 분들에게 도움이 되었을 것이라고 생각합니다. 이 부분을 참고하셔서 좋은 콘텐츠를 많이 만들어 내시길 바랍니다.

  음원 유통 부분은 사실상 독자 여러분들이 가장 궁금해 하셨을 부분이라고 생각됩니다. 왜냐하면 제가 그랬기 때문입니다. 사실 알고 보면 크게 어려운 것은 아니지만, 어떤 분야든지 알기 전에는 어려운 법이지요. 음원 유통 방법들을 통해서 더 좋은 방향으로 음원을 유통하셨으면 좋겠습니다.

  마지막으로 홍보 부분은 1인 레이블로서 가장 고민이 되는 부분이 아닌가 싶습니다. 제 경험을 토대로 해결책을 제시했으나, 아무래도 홍보는 부지런히 움직여야 하는 부분이기 때문에, 바로 자신과의 싸움이 될 것입니다. 음원의 홍보를 위해 꾸준히 영상도 업로드하고, 다양한 매체들에 노출시키며 활동을 해야 할 것입니다.

저도 지금 이 순간 제 음악을 알리기 위해서 다양한 방법으로 활동을 하고 있습니다. 어딘가 기다릴 당신의 팬을 위해서 지금 바로 움직이세요!

이 책에 소개된 방법은 절대적인 방법은 아닙니다. 책과는 다른 방향으로 진행하고 있는 아티스트도 분명히 있을 것입니다. 하지만 여기서 다룬 방법들은 제 경험과 또 일반적으로 많이 쓰이는 경우를 토대로 기획한 것입니다. 부디 여러분에게 도움이 되었기를 바랍니다.

이 책을 다 읽은 지금, 당신은 앨범을 낸 아티스트로 데뷔를 했나요?

그렇다면 지금 제 이메일로 당신의 이야기를 보내주세요. 멋진 당신의 음악을 들어보고 싶으니까요!

2015년 어느 날,

싱어송라이터 제이써니

1인 레이블 가이드북

언제까지 곡만 쓸거야?!

편저자	제이써니(유지선)
편 집	조나단, 송혜진, 원태경, 유경아
디자인	김윤정
영 업	현석호
관 리	김정숙
발행인	최우진
발행처	㈜스코어 대표 정상우
등 록	2012년 6월 7일 제313-2012-196호
ISBN	979-11-5780-017-9 (13670)

주 소	서울시 마포구 동교로 13길 34(121-896)
전 화	02)333-3705
팩 스	02)333-3745
	www.allmusicscore.com
	www.openhousebooks.com

판매원	오픈하우스